大师经典

结果导向的领导力

·珍藏版·

戴维·尤里奇（Dave Ulrich）

[美] 杰克·曾格（Jack Zenger） 著

诺曼·斯莫尔伍德（Norm Smallwood）

赵实 译

Dave Ulrich

Results-Based Leadership

机械工业出版社
CHINA MACHINE PRESS

《结果导向的领导力》从领导力特性与领导结果的联系、定义预期结果、员工结果、组织结果、顾客结果、投资者结果、成为一名以结果为导向的领导者、领导者培育领导者等方面进行系统分析，论证领导力的核心要素。

　　《结果导向的领导力》是源于西方企业的领导力理论与实践之集大成者，但它同时又可为东方文化背景下的中国企业家、领导者和高级管理者提供简易可行的理念指引和行动指南——本书确实能够让各级领导者真正领略到领导力实质的精髓、领导力艺术的真谛和领导力文化的精华。

图书在版编目（CIP）数据

结果导向的领导力：珍藏版／（美）戴维·尤里奇（Dave Ulrich），（美）杰克·曾格（Jack Zenger），（美）诺曼·斯莫尔伍德（Norm Smallwood）著；赵实译. —北京：机械工业出版社，2022.8
（大师经典）
书名原文：Results-Based Leadership
ISBN 978-7-111-71088-2

Ⅰ. ①结… Ⅱ. ①戴… ②杰… ③诺… ④赵…
Ⅲ. ①企业领导学 Ⅳ. ①F272.91

中国版本图书馆 CIP 数据核字（2022）第 123101 号

机械工业出版社（北京市百万庄大街22号　邮政编码100037）
策划编辑：李新妞　　　　责任编辑：李新妞　侯振锋
责任校对：韩佳欣　王　延　责任印制：李　昂
北京中科印刷有限公司印刷

2022年9月第1版·第1次印刷
169mm×239mm·17印张·1插页·198千字
标准书号：ISBN 978-7-111-71088-2
定价：69.00元

电话服务　　　　　　　　　网络服务
客服电话：010-88361066　机 工 官 网：www.cmpbook.com
　　　　　010-88379833　机 工 官 博：weibo.com/cmp1952
　　　　　010-68326294　金 书 网：www.golden-book.com
封底无防伪标均为盗版　机工教育服务网：www.cmpedu.com

领导力有没有成功公式

　　能受我原来的同事赵实先生邀请为本书写推荐序，是我的荣幸，更是一种缘分。当我手里捧着赵实给我的沉甸甸的译稿，看着封面上一个个名字的时候，心里不由得感慨，世间真的有缘分这种东西的存在。自 2004 年起，我和其他两位创始人一起创办凯洛格公司（KeyLogic & Company），历经十余年发展，已经成为国内在人才培养方面尤其是领导力发展领域的领先品牌。在这个历程中，我有幸和最优秀的人共事，逐步掌握了领导力发展方面很多前沿的理念和工具。更为重要的是，我也亲历了很多领导力发展项目的全过程，目睹了很多人在领导力方面的重大变化。赵实早年在联想集团的人力资源部门工作，后来加入合益集团（Hay Group）从事人力资源咨询工作，然后他加盟凯洛格，担任领导力咨询业务的合伙人，我们在一起度过了非常难忘的几年同事时光。

　　那个过程是忙碌而充实的，我们一起为中国的很多领军企业构建了人才发展战略、领导力素质模型，一起设计了很多经典的领导力发展项目。在这个过程中，我们和国际顶级的领导力培养机构建立了战略合作伙伴关系，包括哈佛商学院、西点军校、通用电气的克劳顿学院，当然还有著名的领导力发展机构——位于美国盐湖城的 Zenger Folkman 咨询公司。而这本书的三位作者，都是美国乃至世界范围内领导力发展领域的大师，过去几年，我、赵实和他们都有紧密的合作和往来。其中曾格老先生给我的印象特别深刻，作为领导力发展领域的祖师级人物，他强大的好奇心和分享的热忱让我毕生难忘。记得有一年，我们请他来到中国，需要奔波深圳、上海、北京三地。我特别担心他的身体和精力，而在一周非常辛苦的旅程中，他展现出来的强大魅力几乎感染了每一位听众。一路上几乎每个地方的朋友听完他的分享都会感慨："如果有一天我们老了，能是他这种状态，就太好了！"每个人不仅收获了巨大的知识财富，更为他强大的个人魅力和矍铄的精神状态所感染。

过去几年中，赵实笔耕不辍，通过自己的实践和思考，写下了多篇专业文章。更让我佩服的是，他坚持每年翻译一本经典的领导力著作。这种专业精神感染了周围很多人，很多人也被赵实的热情所带动，加入到领导力发展领域的研究和咨询中来。最近，赵实进入了北京师范大学，负责 EDP 相关项目的工作，但我们依然保持联系，他依然是那个热爱领导力领域、热爱摄影、热爱在朋友圈里炫耀他的小公主的专业人士，而此书无论著者还是译者，都是我的好朋友，所以赵实找到我给此书写序，我觉得特别欣喜、特别荣幸。

世上有没有成功的领导力公式？这似乎是一个永恒的话题，如果我们走进书店，可以看到关于领导力理论的书籍浩如烟海、百家争鸣、各有所长。本书中提到的结果导向的领导力，道出了领导力的本质和真谛。在诸多领导力理论中，我们似乎听到了太多各种各样的领导力特性的词汇：正直诚信、战略思维、创新开拓……似乎有几十个词汇可以从各个角度来描绘领导力，但似乎都忘掉了最重要的本质：结果。本书不愧为大师之作，一上来就从纷繁芜杂的领导力理论海洋中直抓主题，开宗明义地点明了领导力特性和领导力结果的关系，紧接着按照员工、组织、顾客、投资者几个维度清晰地阐明了系统的培养方法。赵实传神精彩的翻译，更是为本书添色不少。

从2016年年初起，我开始了第二次创业，正式加入创业邦集团，负责教育孵化业务和天使投资基金。我始终相信，中国下一轮真正的创新机会来自于把传统企业的资源和创业团队对接。在这个过程中，我深刻地感受到了两个企业家群体的不同，一个群体被我称为"领头羊"，是在过去二三十年间取得成功的传统企业家；另一个群体被我称为"独角兽"，是随着新的技术浪潮快速崛起的新兴创业家。在他们身上，折射着不同时代的光影，有着那么多不同，又有着那么多相同——相同的是雄心勃勃，是对未来的改造热情，是对现状的不甘心。在他们身上，有着超强的学习热情和敏感度，对自身的知识结构极度不满足，不停地吸收彼此和外界的优势，重塑自己的思维空间。我们一起不仅仅在业务上联合，也通过联合成立天使基金、产业基金的方式，在资本层面上合作得更深。在这个过程中，在他们身上我学习到了更多，更坚信他们不是谁去颠覆谁，而是在联合，只有这两股力量联合起来，中国的经济结构才可能再次升级。我们不会再简单地被硅谷称为"C2C"（copy to china)，而是真正在这片土地上创造新的商业模式、新的创新力量、下一批BAT（百度、阿里巴巴、腾讯）。我也热情地邀请尤里奇先生、曾格先生还有赵实先生，去关注这一批鲜活的群体，相信他们会有更伟大的研究成果诞生。

领导力是不是可以培养出来的，是人才管理领域一个持久的命题，似乎直到今天也没有真正的答案。但是通过本书，通过对这些大师多年探索成果的学习，相信我们会有很多启发。就像书里反复提到的标准一样，看书不是目的，而是一个探索的过程，通过这个过程获得结果，我想这才是这么多优秀的人为此书贡献的初衷。

王　玥

创业邦合伙人，凯洛格创始人

德鲁克与尤里奇

尤里奇与德鲁克的理念一脉相承。

德鲁克的两个核心理念

德鲁克的著作本身涉及的领域非常广泛，但在组织与管理领域，有两个概念一直贯穿其中：由外而内、结果。

老先生的经典三问之一，是"我们的事业是什么"。关于这个问题，德鲁克给出了清晰的指引："'我们的事业是什么'并非由生产者决定，而是由消费者来决定……要回答这个问题，我们只能由外向内看，从顾客和市场的角度，来观察我们所经营的事业。"

大道至简。正是因为秉持了这一原则，郭士纳才能够在空降 IBM 时，置"分拆公司以保持活力"的压倒性呼声而不顾，在走访重要客户和重新审视 IBM 的业务之后，做出了"自己在 IBM 甚至整个职业生涯当中最为重要的决策"：让 IBM 保持为一个整体，为客户提供完整的 IT 解决方案。

老先生对"结果"的强调则更加不遗余力。三个石匠的故事为很多人所熟知，这个故事出自于《管理的实践》。有人在一个工地看到三个石匠，就分别问他们在做什么。第一个石匠回答："我在养家糊口。"第二个石匠边敲边回答："我在做全国最好的石匠活儿。"第三个石匠仰望天空，目光炯炯有神，说道："我在建造一座大教堂。"

德鲁克认为，第三个石匠是真正的管理者——他知道自己的目标和要取得的结果是什么。"最麻烦的就是第二个石匠。"麻烦之处在于，企业应该鼓励员工设定高的专业标准，但这种做法也会带来危险，员工容易把专业工作本身当成目的，而忽略真正的成果和对公司成功的贡献。

因此，德鲁克以一种嘲讽的口气说道："很多工匠或专业人士，常常自以为有成就，其实他们只不过在磨亮石头或帮忙打杂罢了。"他强调，只有真正承担起对组织做出贡献的责任，并且能够实质地提高组织的经营能力及影响其获得的结果，才能称之为合格的管理者。

这一因专业分工而带来的只关注专业、忽视结果与贡献的问题，累积到无以复加的程度之后，终于在 20 世纪 90 年代迎来了一场暴风雨般的运动——流程再造。流程再造的目的，就是要重塑员工忽略结果的惯性思维，打破职能间的专业壁垒，围绕客户需求创造价值。

尤里奇与 HR 转型

早在 20 世纪 80 年代，尤里奇就已经活跃在学术界和咨询界了。20 世纪 80 年代末，通用电气的传奇 CEO 杰克·韦尔奇在与第二任太太度蜜月的时候，灵光一闪想到了"无边界组织"的概念，回去后就邀请尤里奇担任总参谋长，推动"无边界组织"在通用电气的实施，并取得了巨大的成效。

但真正让尤里奇跻身顶级管理大师行列的，却是 1996 年的一场争论。当年，担任《财富》专栏作家的斯图尔特撰文呼吁"炸掉你的人力资源部"，一石激起千层浪。关键时刻，尤里奇指出，"是否废除人力资源部"的问题价值不大，并且抛出了一个替代问题：人力资源部如何才能真正创造价值？

他进而指出，人力资源部若想创造价值，就不应该再关注日常的任务和活动，而应该关注结果和对组织的贡献。这与德鲁克的理念如出一辙。

其基于这个核心理念的《人力资源转型》当年问世，成为人力资源管理的里程碑之作，深远地改变了几乎所有跨国公司的人力资源实践。尽管之后在 HR 转型领域不断有新作问世，但直到今天，包括宝洁在内的很多公司，依然将尤里奇在《人力资源转型》中提出的四种结果模型作为指导人力资源实践的基石。

尤里奇与领导力发展

在以"结果"理念重塑了人力资源实践之后，尤里奇再接再厉，将"战火"烧到了领导力领域。在《人力资源转型》面世三年后的 1999年，尤里奇与两位合作者出版了本书，试图重新定义领导力发展。

在本书中，尤里奇更加纯熟地运用了"结果"和"由外而内"的理念。

针对领导力发展只关注"特性"的问题，尤里奇及合著者提出了简洁的公式：领导力有效性＝领导力特性×领导结果。他甚至毫不讳言从德鲁克那里获得的启发："当我们读到彼得·德鲁克为一群高级管理人员所做的一篇演讲的时候，心里备感慰藉，他在演讲中说道：'领导力追根溯源是结果问题'。"

尤里奇强调领导力特性和领导结果应当并重的理念，直击领导力发展的痛点。书中列举的一个场景，与当下很多中国企业的实践何其相似：

一家公司将培育领导力作为优先发展目标，并责成人事部门建立公司自己的领导力模型。人事部门花费大量精力后所建立的领导力特性模型包括了针对该组织的能产生有效领导力的10 种素质。每种有效领导力素质都以行为锚定进行了评价，并且通过全面的反馈表进行了排列。

然而，除了几次探索性的会谈之外，人事部门制定模型的过程并没有高级经理的参与。这些经理只是在最后批准认可了提交给他们的模型，却并未感受到太多身为主要制定者的感觉。他们没有运用该模型进行领导力评测，也并未把它当作发放薪酬和任命晋升的依据，而是最终选择绕过由该全方位批判性领导能力评估模型得出的结果。

尽管人事部门再三试图推行该模型的运用，但在短短的时间内，决策者们已经对其感到索然无味，该模型在培育领导力方面变成了鸡肋，得到的应用也越来越少。当被问及此事时，部门经理们的回答是：尽管模型本身没有任何问题，但是它与公司的经营运作几乎毫无关系。这些部门经理们把它当成了一个与公司运营毫无关联且收效甚微的活动。

在界定领导结果的过程中，尤里奇综合了"由外而内"的理念。他从四个维度界定了领导力发展的结果：员工结果、组织结果、顾客结果和投资者结果。其中，顾客结果和投资者结果是典型的外部视角。在每一个维度上，本书都给出了简练的框架和详尽的定义。

在过去的两年间，我有幸翻译、审校了尤里奇的《高绩效的 HR》《可持续领导力》等著作，最深刻的感受是，本书的理念和内容，是理解尤里奇思想体系的基石。

在其后所有的著作当中，与德鲁克相仿，尤里奇都将由外而内（关注所有利益相关者）、关注结果的理念作为基线贯穿其中。

从另外一点也可以看出尤里奇对自己这本著作的欣赏：他甚至将本书书名作为自己创立的咨询公司的名称。

经典不因时间而褪色。尽管十余年过去了，但本书的内容对于今天的中国企业依然非常有价值，因为它直指领导力发展的挑战：如何跳出重特质、重行为的局限，让领导力发展活动真正驱动绩效和获得结果？

康至军

HR转型突破工作室创始人

译 者 序

2009 年，我还在凯洛格公司担任领导力咨询业务的负责人。记得那年有一次与凯洛格公司的董事长王成先生一同去广西柳州出差。飞机起飞后，王成便翻阅起一本书，并不时地在书上勾勾画画，我颇为好奇是怎样的一本书让他看得这样兴起。在飞机开始下降时，他将手中的书合上，递给我并说道："这本书不错，你应该读一读。"我接过书一看，书名是《绩效导向的领导力》[⊖]。后来才知道，那是本书的第一个中译本。因为其观点新颖，结构性强，工具、案例丰富，引人入胜，所以我在出差做项目的过程中就将该书读完了，也记住了作者之一戴维·尤里奇，那应该是我第一次读这位管理大师的作品。

让领导力培养更完整

尽管是在原书出版十年之后才读到它，但它的观点仍然让我耳目一新：发展领导力，仅仅谈素质是不完整的，还要发力于领导结果。在加入凯洛格公司之前，我曾服务于合益集团（Hay Group，现已被光辉国际收购）。在领导力素质模型咨询领域，合益集团是全球范围内的权威。受素质理论的提出者、合益集团麦克利兰研究与创新中心的创始人麦克利兰的影响，我在相当长的一段时间内都认为：发展领导力，主要应该关注领导者素质的培养，如战略思维、创新变革、团队激励等，这些素

⊖ 《Results-based leadership》曾于 2004 年由中国财经出版社引进出版，书名为《绩效导向的领导力》。本书译者认为，"Results"译为"结果"更能准确反映作者的本意，故新版书名译为《结果导向的领导力》。

质的提升对于领导力的发展大有裨益。但常常有客户问我，在这样的培养框架下，领导力素质的发展对于公司业绩提升到底有多大的作用？我无法回答。这是因为我们在关注领导者行为的同时，没有思考清楚这些行为究竟在多大程度上能够促进结果的达成。在尤里奇等人的思考中，领导力的发展不仅仅要关注领导行为，还要明确领导结果。以结果为导向的领导力更容易让员工明确方向，更容易评估有效性，也就更容易发展。在本书中，尤里奇等人把这些思考抽象为一个非常简单的公式，即：

领导力有效性 = 领导力特性 × 领导结果

这个公式表明，领导者必须在两个方面都要争取做到优秀，必须做到在展示个人领导力特性的同时取得领导结果。作者把公式中的两个核心元素设计为倍数关系而非累加关系，因此，不论是在领导力特性上还是在领导结果上得分太低，都会极大地削弱领导力有效性。只注重"结果"，会让公司的领导者不择手段地追求短期的绩效目标。而只注重领导力如何通过领导者的个人品质得到发展和体现，则往往会让领导者缺乏明确目标，无法让现实发生有意义的改变。

对领导结果（results）的阐释是本书最为着力的部分。作者将领导结果分为四个方面：员工结果、组织结果、顾客结果、投资者结果。作者强调，领导者必须根据自身的业务要求，为四个方面合理分配精力和时间，达到平衡的状态。在我接触到的经理人和高管人群中，很少有人能够做到高度平衡。最直接的例子就是，很多缺乏企业家精神的创业者，一旦拿到风投，就将业务方向调整为满足投资者结果，这是一些不关注企业长期价值的投资者最愿意看到的，但事实上，这却未必是实现投资者结果最大化的正确路径。对于领导结果的阐释，作者毫不吝啬笔墨，对每个方面都用一整章的篇幅来叙述，并提出了非常多的模型和框架，直到今天仍然有其价值。

领导力特性（attribute）是公式中的另一个元素，作者认为它包括了一堆语义含混的术语：习惯、特点、能力、行为、风格、动机、价值观、技能、性格等。作者把这些概念总称为领导力特性，并将它们划分为三类："领导者身份（Are）的自我认知"（价值观、动机、个人特点和性格）、"领导者所掌握的知识（Know）"（技能、能力、特点）、"领导者所采取的行为（Do）"（行动、习惯、风格、能力），即所谓的"身份—知识—行为"（Are-Know-Do）的领导力提升模式。我认为，领导力特性是领导者确立领导力的基本所在。

本书的另外一位重量级作者是领导力大师杰克·曾格，他在与尤里奇完成了《结果导向的领导力》的写作后，把关注点放到了对领导力特性的研究上。他认为，尽管过去关于领导力特性的研究有很多，但并没有用科学的数据去分析：到底哪些领导力特性对领导结果会产生积极的影响。针对这个问题，他和他的伙伴乔·福克曼用了 10 年的时间，调研了全球数十万人，最终得出了 16 项关键的领导力特性，以及基于优势理论去发展这 16 项关键的领导力特性的理论体系，并写在了他们最具影响力的领导力著作《卓越领导者》中。幸运的是，我也是该书的中文译者。这两位让人尊敬的大师，用了近十年的时间，才让那个非常简单的领导力公式得到了完善。

内外兼顾，修炼领导力

尤里奇和曾格用乘法关系对领导力有效性做出了定义，我谈一下我对这个公式的理解。西蒙·斯涅克多年前在 TED 的演讲"伟大领导者如何激励人心"中提出了著名的黄金圆环理论。他认为，作为一个伟大的领导者，他之所以能够激励人心、成就卓越，是因为他有一个能够打动人心的愿景（Why），然后通过有效的方法、技巧（How），并以清晰的目标（What）为抓手，来实现这一愿景。西蒙强调，这个过程是由内而外的，人们认同一位领导者、一个产品、一个组织，并不是因为他们要做的事情多么伟大，而是这个事情背后所代表的愿景和价值理念。例如，多年前，人们对苹果公司的产品的狂热，并非源于其产品的市场认可度（在十多年前，苹果公司的手机与电脑都不是市场上最主流的产品），而是因为其体现了"挑战现状、特立独行"的价值理念。

因此，我理解本书中的有效领导力公式中的两个要素，应该是有层次的：领导力特性中的身份（Are）体现的是领导者的内在动力或原力，即 Why，是黄金圆环的最内层，是领导力的核心，它的坚固程度决定了领导者是否能够有效地在获得领导结果的时候取得平衡；知识（Know）和行为（Do）则体现了领导过程，是黄金圆环的第二层，即 How；而领导结果则体现了领导者的目标，即 What，是黄金圆环的最外面一层（如图 1 所示）。

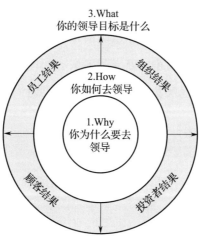

图 1　黄金圆环理论

这三个层次分别回答了关于领导力的三个核心问题：

第一，你为什么要去领导，即你内心的动力从何而来？

第二，你如何去领导，或凭借什么去领导，他人为何要服从、追随你？

第三，你的领导目标是什么，即达到什么样的目标才能体现领导初心？

卓越领导者往往对以上问题有着非常清晰且一致性很高的答案，因此他们思路清晰、方向坚定，让人感受到原力不断。

过去我们在谈论领导力的时候，会对 Why 和 How 的部分投入更多精力研究和进行大众教育，而本书的作者们，通过对四种领导结果的定义，让领导力的原力—过程—结果三个层面更清晰地连接到了一起。它们是一个整体，相互支撑、相互转换、相互反馈，让我们得以形成一个非常完整的领导力观点。我想，这应该就是本书最为重要的价值吧。

本书英文原书第 1 版出版于 1999 年，17 年后，它仍然让我们这些从事领导力研究、咨询和实践的工作者感觉到生命力，所以我们才决定要将经典重译。重译一方面是为了尽量还原原书的本意；另一方面也是希望将体现领导力公式的两本重量级著作都翻译出来，让读者有机会完整地理解西方管理者视野中的领导力要义。翻译工作是一项留有遗憾的艺术，总是会有让自己和读者不满意之处，恳请大家在阅读过程中多多指正。

赵　实

序

有一次，我的一位 CEO 朋友对我抱怨道："恕我直言，沃伦，你的书和我读过的这一领域内的多数著作一样，并没有关注结尾。"他盯着我，好像我犯了什么滔天大罪一般。我于是怯生生地问他，用那么神圣的语气说的"结尾"究竟是什么意思。他回答说："其实，可以用一个词来表达我的意思：结果（results）。"说罢，他又是那副责备人的神情。最后，他引用了他所崇拜的管理学大师——文斯·隆巴尔迪（Vince Lombardi）的话"所有该说的都说了，该做的都做了，但情况还是这样，说的总比做的多"作为他的结束语。

我的这位朋友所说的很有道理，指出的问题其实很重要。也许这个问题谈不上多神圣，但其重要性不言而喻。很多人力资源专家和管理者也都在不断地强调结果的重要性。正是本书对结果不遗余力地强调，才让本书意义重大。你会发现，我的这位朋友所强调的正是一个为常人所忽视的问题。面对这个问题，我们或许会觉得不自在甚至感到不安或心灰意冷。但本书所要论述的正是这个问题：如何运用组织能力和领导能力，以及如何将这两种能力结合在一起获得预期结果。

平心而论，我认为，管理领域的多数书籍都将注意力集中于组织能力上，包括灵活性、适应性、以价值为导向、以任务为导向等；也有关注领导能力的，涉及的概念有信任、眼界、性格以及各种典型的特质、资历、能力等。这些论述固然有其价值，但所缺乏的也正是将这些重要能力与所获得结果之间进行联系。像尤里奇、曾格和斯莫尔伍德等人也都在不断地提出"为的是"（so that）这个问题。"发展领导力"为的是……填入空中的应该是"结果";"对人力资本加以投资"为的是……填入空中的仍应该是"结果";"树立责任心"为的是……填入空中的还应该是"结果"。所付出的一切努力都没错,但最终为的都是"结果"。我们可以用一个简单的公式来概括本书所要表达的内容,即:领导力有效性 = 领导力特性 × 领导结果。正如作者所写道:"这个公式表明,领导者在领导力特性和领导结果这两个方面都要努力做到优秀。换言之,既要表现出优秀的领导力特性也要获得期望的领导结果。这两项之间是相乘关系而非累加关系。"

这听起来倒是相当简单,对吧?但就像奥利弗·温德尔·霍姆斯(Oliver Wendell Holmes)所说:"我毫不在乎如何将复杂转为简单,但我会用一生努力探寻如何用简单的方式来应对复杂的世界。"本书的"简单性"就在于其化繁为简的方法。

我并不是在总结本书所讲的是什么,这并不是本书序言的目的。我是在强调本书所表达的新观点意义重大。我想阐明为何这些观点非常重要。首先,作者认真地分析了什么是人们所想要的结果,以及这些结果是如何被定义和衡量的。作者着重分析了四个方面的结果:员工结果(人力资本),组织结果(学习、创新),顾客结果(让目标顾客满意),投资者结果(现金流)。其次,本书围绕其中心思想进行了阐述,架构清晰,逻辑严密。同时还卓有成效地论述了其中心思想与这四个方面结果的度量关系,这些都令人感到耳目一新。最后,作者针对组织如何培养并留住"以结果为导向的领导者",提出了一些令人叹服且十分有用的见解,从而进一步完善了书中的论述。

刚刚读完这本书,还没来得及撰写本文的时候,我同两位财富 500强企业的高级管理人员共进了一次午餐。在饭桌上我的激动之情溢于言表，我猜大概是因为我太激动了，他们其中一位一脸不屑地直接拿那个"为的是"问题问我（就像"好，我知道你的意思了，可这又能给我带来些什么呢?"一样）。我记不起当时我是怎么回答的了，但是现在，在多读了几遍本书之后，我知道我当时本应该说些什么了。我当时本应该说，本书为"我们是干什么的、我们存在的理由"这个问题，提供了非常明智和合理的根本性解答。它认真地论述了"为的是"这个问题。这也就是我们当中的那些致力于使自己的组织更富有适应性、更富有影响力、更有创造性和更有人性的人们，不断地探询以证明自己存在的合理性的问题。有些问题常常以"当所有的因素都被考虑到"来开始或结束，而有些问题则会使用耳熟能详的"底线"一词。这些问题也都在我们内心产生了深远的影响。它们也同我的朋友所关切的"结尾"问题，以及如何证明我们在企业中存在的合理性的问题，存在着或多或少的联系。本书对领导力的真正含义及其重要性的精辟论述，让它成为领导力精华论述中不可或缺的重要著作之一。

在本文开篇，我情不自禁地引用了文斯·隆巴尔迪的话，同样，我想再引用一位著名禅师的话来作为本文的结束语。这位禅师这样说道："先，启发……后，改造。"本书真正做到了启发和改造，二者兼顾。

沃伦·本尼斯（Warren Bennis）

南加州大学

前　言

　　Zeitgeist（时代精神），这个美妙的德文词汇，在英文中并没有与其意思对等的单词，它所表达的是那些正在"流行"的想法或者是反映着一个时代的思潮。而我们认为本书秉承了 Zeitgeist 的内涵。

　　本书的诸位作者很早就开始考虑用新的方法来理解和描述领导力。但面对各式各样的领导力定义和描述，加上各种领导力培训项目又往往不能训练出更好的领导者，大家都感到心力交瘁。更让大家感到沮丧的是那些"速成方法"，好像说一句"成为领导者，你也可以"这种狗皮膏药般的权宜之计就能解决问题似的。更糟糕的是，当代"领导力"作家与理论家之间存在着泾渭分明的鸿沟。二者理论迥异，见解相左。这让严肃的学术研究难以进行，也让它们在领导者培训方面所起到的指导作用微乎其微。

　　领导力的内涵难以准确定义、虚无缥缈。因为没有任何两个人在这个问题上的看法一致，也没有任何两个人用同样的方法去定义领导力。我们所见的领导力培训项目没有系统的结构设计，没有确定的构型，参与培训的人员的领导行为并没有得到多大改观，培训项目的赞助人对此多有不满。

　　有一段时间，我们不约而同地都去买了 30 多本书名中包含领导者（leader）或领导力（leadership）的书籍，添加到自己的书库当中。这些书要么是讲某位领导者如何取得成就的振奋人心的故事，要么就是在揭示领导者取得成就的成功秘诀。但是，这些书都有一个共同的角度，它们均专注于领导者的内在素质，并总结出了一个成功的领导者所拥有的

"特性心愿单"。有的时候,这些领导力特性强调的是人的自身实力(性格、诚信、活力);除此之外,它们所描绘的都是领导者知道些什么(技术诀窍、战略思维),以及他们的行事方法(设定目标、扁平化组织、强调团队)。我们越是把领导力简单地看作一连串领导力特性的组合,就越发觉得单一地关注领导力特性会忽视领导力公式中一些关键和显著的问题。可当我们读到彼得·德鲁克(Peter Drucker)为一群医疗行业的高级管理人员所做的演讲的时候,心里备感慰藉,他在演讲中说道:"领导力追根溯源是关于结果的问题。"

我们每个人都曾把各自的想法同本领域内受人尊重的同事交流过。在得到这些朋友的肯定和鼓励之后,我们被告知:"对了,你真的应该跟某某谈谈,因为他正在考虑写一本同你所说的内容完全一致的书。"这就是写这本书的动机。我们认为时机成熟,共同的想法让我们走到了一起。

这并不是说我们的想法总是完全一致的。我们当中的一个人曾认为应该开创一套全新的领导力理论,但是被同事劝说而放弃了这个念头,因为重新建立一套新理论的目标可能太过宏大了。最后,我们一致认为我们的目标是对领导力的研讨进行重新构建,对领导者的能力和内在品质做更深入的探讨。随着时间的推移,我们认可关于个人能力和内在品质的研究和论述拥有重要的价值。我们对这方面的研究持谨慎态度,不想诋毁这些研究所做出的贡献。实际上,在同"个人能力论"这一思潮的代表人物进行探讨之后,我们甚至更加确信:"个人能力论"通过确定领导者所拥有的知识、技能和行为,已经给领导力的研究贡献了自己的价值。但我们认为是时候做出突破、超越这一论点了。

我们所面临的挑战在于:在不断认识到前人的工作既不充分也不完

善的基础上，仍要权衡利弊，去尊重前人的工作。领导力有效性是领导力特性与领导结果的乘积，这个提法是个重要的突破。起初，我们向人们阐述我们的观点时，听众会很轻易地认为我们是在抛弃前人的工作成果。人们并未重视领导力公式中的另一项。而我们所面临的挑战就是如何在不忽视前人在领导力特性方面的工作的基础上，将领导力问题论述清楚。

我们的宗旨在于建立一种平衡，而不是屈从于诱惑而左右摇摆，也并不是将我们的观点完全推向对立的一面：断言结果是决定一切的。我们在力图推进领导力理论和实践的共同发展。随着我们将越来越多的注意力放在领导结果的度量上，我们开始相信领导能力是可以获得提升的。根据我们的经验，从长远看来，几乎任何能够得到度量的事物都会发展得越来越好。因此，如果我们能够帮助人们将注意力放到领导结果的有效衡量上，那么我们就可以被认为是做出了有价值的贡献。

我们整个工作过程中最困难的环节之一，就是找出一个能够包含所有有关领导者个人能力和内在特点等内容的描述用语。我们曾一度考虑过"角色个性"（persona）这个词，并在早期的书稿中使用。很多读过初稿的人给了我们许多有益的评价（这其中许多观点可想而知是互相排斥的），但是这些建议大都不赞同使用"角色个性"这个术语。因此，我们重新运用了一个更中性、更传统的词：特性（attributes）。

归根结底，我们是希望创造出一种新的方法来"标识"一个公司的领导力。产品的品牌标识出了企业的产品特征（包括其味道、外观、感觉等），因此消费者能够很快辨识。同样，对于顾客来说，一个企业的品牌则标识着其与众不同的企业能力。而领导力品牌，则标识着领导者为企业所能够带来的独特结果。领导力特性和领导结果共同构成了一个完整的领导力品牌，而且这一品牌对于企业来说具有十分重大的意义和利益。实际上，对于所有领导者而言，最关键的应该是为自己的组织打造领导力品牌。不谈结果，领导力品牌不过是泛泛而谈；有了结果，领导力品牌才会变得具体而且与众不同，还能够为企业带来真正的增加值。

致 谢

有很多人为这本书做出了直接的贡献。我想要感谢 Kurt Sandholtz 对员工结果和顾客结果两章所做的编纂工作；David Altman 为投资者结果一章所提供的帮助；Joanna Howard 在打印各部分书稿以及图表方面所做的辛苦工作；Bob Eichinger 不断提醒我们个人能力的重要性，以及如何以战略的眼光来审视这些个人能力；Bruce Jensen 所进行的案例研究；Ginger Bitter 很有耐心地回复了各种问题并保证了各项工作的按时进行；要感谢的还有：Jon Younger、Randy Stott、Vern Della-Piana、Joe Hanson、Mike Panowyk、Courtney Rogers、Ken LeBaron、Kristen Knight、Rebecca Timothy、Sally White、Mark Ellis、Richard Diforio、Tricia Quai、Judy Seegmiller、Brett Stott、Tait Eyre、Katrina Harmon、Libby Carrier、Jack Roddy 和 Kathy Buckner。还要感谢那些能够听取我们陈述自己想法的众多小组的参与成员，他们所提出的问题、挑战以及反馈，帮助我们改进了自己的想法，鼓励我们继续从事领导力的研究工作。

我们还要特别感谢哈佛商学院出版社（Harvard Business School Press）的 Marjorie Williams 女士，她从本书的筹备阶段到最终出版都给予了热情的支持。

还有很多其他同事也间接地为本书做出了自己的贡献。Curt Artis、Warren Bennis、Frank Bordanaro、Janet Brady、Wayne Brockbank、Ron Chrisman、Gerard Closset、Ralph Christensen、Jim Dagnon、Gene Dalton、Peter Drucker、Jill Edelen、Vicky Farrow、Marlene Feigenbaum、Fred Foulkes、Joseph Gallo、Marshall Goldsmith、Hope Greenfield、Carlos

Gutierrez、Phil Harkins、Murray Heibert、Irv Hockaday、Syed Hussain、Steve Kerr、John Kotter、Jim Kouzes、Gerry Lake、Ed Lawler、Mike Losey、Arthur Martinez、Bill Mayer、Paul McKinnon、Henry Mintzberg、Thom Nielson、Jeffrey Pfeffer、Joe Pine、Berry Posner、C. K. Prahalad、Ray Reilly、Bonner Ritchie、Tony Rucci、Bob Stemmler、Rich Teerlink、Jack Welch 和 Warren Wilhem 等，他们对于领导力问题的看法也已经完全融入了本书。我们已经运用了他们的研究成果，同时也感谢他们的想法给我们带来的帮助。

最后，我们要感谢我们的家人。他们让我们能够利用假期的大部分时间，以及其他宝贵的时间来完成本书的创作。我们把本书献给我们的母亲——Karin Ulrich、Leah Zenger 和 Betty Smallwood——她们在我们动笔之前就了解了把领导结果与领导力特性结合在一起的重要性。

对于本书的任何错误和遗漏，作者负完全的责任。

戴维·尤里奇

杰克·曾格

诺曼·斯莫尔伍德

目　录

第一章　领导力特性与领导结果的联系

当代领导力的弊病是，过于关注领导力特性，而忽视了结果。而优秀的领导者必须两者兼具，既拥有关键特性，又能获得良好的结果。

第二章　定义预期结果

结果很重要，预期结果更加重要。领导者想要获得有效的结果，就必须让预期结果满足四个标准：平衡性、策略性、持久性和无私性。

第三章　员工结果：人力资本投资

有意提升人力资本的领导者，应该花时间提高标准、设定较高目标、给员工更多要求，还应该提供资源来帮助员工达到要求。

第四章　组织结果：能力提升

以结果为导向的领导者更注重对组织的塑造，以获得更长久的发展结果。四种关键的组织能力分别是：学习、速度、无边界、责任感。

第五章 顾客结果：创造企业价值

为了获得顾客结果，公司领导者必须打破商业中所固有的三个神话并面对三个新的现实，在维护利润的同时也要维护与顾客的独特关系。

第六章 投资者结果：创造股东价值

投资者结果虽然受到企业之外的诸多因素影响，但关注这三个方面同样可以创造股东价值：成本管理、实现增长和创造管理价值。

第七章　成为一名以结果为导向的领导者

本章提供的 14 条建议，可以帮助各职位的领导者改进领导方式、提高领导能力；还可以立即采用，无须耽误一个月的工作或者花费大量的金钱。

第八章　领导者培育领导者

以结果为导向的领导者有责任去培育其他领导者，建立一支后备领导队伍。只有这样，既存结果链才不会因为其中一方的率先离开而中止。

第一章

领导力特性与
领导结果的联系

领导者的那些事

探索领导者的成功之道既不起于本书，也不止于本书。我们只是承前启后，一起探讨优秀领导者是如何炼成的。我们希望本书能改变人们对优秀领导者的刻板印象，从另一个角度来探讨如何成为更好的领导者。现在时髦的观点认为，领导者拥有出色的个人能力，散发着独特的个人魅力。我们赞同这个观点，但还是认为它忽视了领导者的领导结果这个因素。领导者不仅需要展现个人特质，成功有效的领导者更需要取得结果和成效。本书将领导力特性同领导结果联系起来，重新梳理了对领导力有效性的探索，将研究重点进行了调整。

从当下展望未来的研究层出不穷，对领导力提升的关注度也在与日俱增。最近，世界大型企业联合会的一项研究发现，只有54％的受访公司认为自身的领导力能够对变化做出及时的反应，只有8％的公司高层对公司的整体领导力给出优秀的评价。[1]美国人力资源研究院的研究也表明，对于有效的人事管理，领导力是第一影响要素。这项研究要求312名公司高管，评估其公司所面临的最紧迫的人事问题。研究结果显示：领导力是最重要的影响因素，有70%的受访者认为领导力"极其重要"[2]。由美国人力资源规划协会（the Human Resource Planning Society）[3]、美国人力资源管理协会（the Society for Human Resource Management）[4]、《劳动力杂志》（*Workforce Magazine*）[5]和麦肯锡咨询公司（McKinsey）[6]发起的关于未来的研究，也相继得出了类似结论。

显然，领导力十分重要。那些成功的公司和公司中的成功个人，都展现出了非常深厚的领导力。麦肯锡咨询公司曾发布一项名为"人才争夺战"的研究，其中说到拥有领导力深度的公司比缺乏领导力深度的公司具有更强的盈利能力。尽管如此，所需要的领导人才同现有的领导人才之间的差距仍然在不断扩大。当公司高管被问及对公司的人才后备力量是否有信心时，多数给出越来越否定的回答。[7]当然，近几十年来公司兼并重组、精减人员，这在一定程度上也导致了下一代的领导者锻炼领导力的机会减少。尽管人们在领导力方面著书立说甚多，也花费了大量的时间和金钱来提升领导力，但领导力并没有得到显著提升。人们对于领导者的期望值与其所创造的实际价值之间的差距也越来越大。

虽然当前领导力的认知方法种类繁多，但通过一个小小的测试我们就能看到这些方法的不足与缺陷。在几次研讨会上，我们让参会者完成下面这个句子："将来，公司的领导者要取得成效，必须……"对于这样的一个问题，他们首先想到的是市场环境、未来战略、组织目标等，然后列出了一个清单，上面一共有八到十项理想的领导者应该具备的特质。那些公司高管、中层经理和一线主管在绞尽脑汁之后，也只是想出了：树立愿景、了解顾客、良好的沟通、授权于人、个人的工作激情、拥抱变化、团队建设、支持多样化等特性。参会者利用这份领导力特性的清单，来最终明确成功有效的领导者在每个特性上应该具备的知识和行为方式。之后，我们问道："你们的清单上还缺少什么？"参会者停下来思考片刻，大部分人还是列出了更多的领导力特性，诸如：全局思维、充满活力、能够激励他人、接纳意见、为人正直等。

当我们进一步询问还缺少什么时，一些参会者想知道我们究竟要说明什么。最后，终于有人注意到这份长长的领导力特性清单没有将领导结果列入其中。换言之，领导者凭借自身的知识和能力所获得的成就没有囊括其中。这样一个简单的测试，说明人们常常忽视这样一点——令人钦佩的领导者不但要知道如何行动，而且要以确保能取得结果的方式行动。

还有很多简单的例子能够说明这一点。飞行员得了解公司的愿景，要有良好的沟通能力，能够应对变化，为人要正直。但除此之外，他们必须要能得到结果，就是要安全飞行。无论是公司的、学校的、教堂的、家庭的还是政府机构的领导者，也都面临着同样的挑战。领导者仅仅拥有领导素质是远远不够的，成功有效的领导者必须将领导力特性同领导结果联系起来。

具备出众的领导力特性固然很好，但这些特性必须运用得当，并用在目的明确的用途上。在寻求领导力有效性的过程中，人们往往会忽视这一点。我们想对领导者传达的信息可以用一个简单的公式来表达：领导力有效性 = 领导力特性 × 领导结果。这个公式表明，领导者必须在两个方面都要争取做到优秀，必须做到在展示个人领导力特性的同时取得领导结果。公式右边的两项是相乘关系而非累加关系，因此不论是在领导力特性上还是在领导成果上得分太低，都会极大地削弱领导力有效性。举例来说，假设两项的满分分别都为 10 分，领导力特性得 9 分而领导结果只得 2 分，因子相乘结果只有 18 分，同满分 100 分相差甚远。如果两者是累加关系，满分是 20 分，两项相加则是 11 分了。

一些领导者和公司往往只重视公式右边的某一项。这样会使得领导效能大打折扣。有些公司几乎只注重"结果"，让公司的领导者不择手段地达到短期的绩效目标。这些公司的领导者更关注的是取得了怎样的结果，而并不在意结果是怎样取得的，这样做会使公司面临缺乏长期绩效的风险。而另外一些公司，则基本上只注重领导力是如何通过领导的个人品质得到发展和体现的，而没有注重领导所能带来的结果。领导力特性和领导结果都相当重要。它们构成了领导力的基础，是领导力的基因，两者相辅相成，指明了领导者自我提升的发展路径。

在下一章讨论构建有效领导力的时候，我们就会梳理领导力特性同领导结果的相互关系。本书的重点在于领导结果，但并非只关注这一点。虽然，我们将关注的重点转向了领导者创造结果时所体现的重要特点，以及在这个过程中实际采取的措施，但长远看来，若领导者没有相当的领导力特性，同样不能保持有效的领导力。就领导力特性而言，运用是否得当至关重要。如果运用不好，领导者就谈不上有效领导。本章以领导力特性开篇明义，旨在让领导者认知自己的身份，了解应该掌握哪些知识、采取怎样的行为。全书的其他部分将密切关注领导结果。

领导力特性成就更优秀的领导者

过去的十年中，无论是自我追求成为成功领导者的人，还是力图造就这样的领导者的人，所采用的比较流行的方法就是去界定并提升领导力特性，也就是在构成有效领导力的内在素质或者说是在个人素质上下功夫。而领导力特性的定义范围，常常包括一堆语义含混的概念术语：习惯、特点、能力、行为、风格、动机、价值观、技能、性格等。[8] 这些概念总的称为"领导力特性"，大致可以分为三类："领导者身份的自我认知"（价值观、动机、个人特点和性格）、"领导者所掌握的知识"（技能、能力、特点）、"领导者所采取的行为"（行动、习惯、风格、能力），即所谓的"身份—知识—行为"的领导力提升模式。人们在不断提高领导者素质的过程中，这个模式得到了极高的关注和广泛的运用。

这种提升领导力的方法的不足之处在于，过于简化了领导力提升的过程，让领导力的提升简单得就像上街购物一样：积极上进的领导者或者他们的引路人漫步在装满各种领导力特性的仓库中，从货架上一个又一个地取下特点、能力、价值观等领导力特性，然后，就去研讨会上、视频和书本里学习这些概念。一旦发现这些特性不能解决问题，或者概念过时了，就又去仓库里采购一次。新旧更替，循环往复。

近几年，运用领导力模型去培育领导者的方法得到了显著改善。现在，"采购者"经过一番调查研究，获取的信息将更加全面，能够准确认知需要培育哪些领导力特性，也能够在既定的商业策略下，去了解提升这些领导力特性所需要的投入。光辉国际（Lominger）和 PDI 等咨询公司对领导者的行为技能（例如，分析性思维，以及在不确定环境中进行决策的能力）进行评估，从而确定成功的领导者所必需的能力[9]。这些公司的模型以调查研究为基础，帮助许多人找出想要的领导力特性。

还有很多公司进一步做了改进，提出了更加严谨可靠的方法来界定领导力特性。通过领导力特性模型来塑造和调动优秀的领导者，通用电气公司（GE）在这方面做得很到位，堪称楷模。通用电气公司利用"素质"（competencies）的概念及一系列领导力行为特征，来提升领导者的素质。这样一种培养模式让通用电气公司在培养工业界领袖方面享有盛誉。[10]

通用电气公司提升领导力的方式有四个重要内容。首先，公司能够认识到要取得商业上的成功，领导力至关重要。高层经理们有强烈的责任感去尽可能地塑造下一代领导者。在这方面，通用电气公司前 CEO 杰克·韦尔奇（Jack Welch）是个很好的例子。他说自己有 40% 的工作时间花在了人事问题上，其中大部分是花在了塑造和拓展公司领导力上，而这都是为了公司在未来的竞争力。

其次，通用电气公司有一套具体的流程来培养和提升领导力才能。拥有 30 年历史的继任规划体系，帮助了公司的很多领导者，在他们的职业发展上起到了指导性作用。[11]通用电气公司的高层主管会参加很多活动，包括制订个人职业发展计划、参加研讨会、接受特定的任务分配等。前者是为了规划管理者在公司内部所期望的晋升路径，而后两者则是对他们未来发展的外延投资。这些活动都是为了提升他们的能力，增加自身的职业发展机会，同时也要与公司战略保持一致。最后，公司的 CEO 会做一份年度评估，作为最终的评价。在其他公司，通用电气公司的高管是 CEO 的绝佳人选，他们也确实常常会被任命为 CEO。而通用电气公司也因世界级的领导力培养能力脱颖而出。

再次，通用电气公司用行为标准来定义领导力特性，更有利于未来领导者的发展。杰克·韦尔奇曾在公司的一次会议上，对 500 多名公司高管提出：通用电气公司的领导者要在两个方面做到尽心尽责，一是

"创造数字"，二是"实现价值"。前者指的是业务标准，后者指的则是价值标准。多数高管理解"创造数字"的含义，也即年度的现金流贡献、营业收入和市场占有率。而"实现价值"的含义却不是很清晰。与会者在原则上一致认为："数字"固然重要，但"如何实现数字"同样重要。同时，他们也认识到在实际操作中明确"价值"是有困难的。为了给这个模糊的概念奠定一个坚实的基础，通用电气公司的领导者们设计并应用了一套实用的测量工具——领导力效力评估测量表。它将通用电气公司的价值观放到一张图表中，并分为八个类别，规定了与每类价值观相对应的特定行为。通用电气公司将 LES 当作每级领导者的测量标准，希望他们能够以"正确的方式"，即符合通用电气公司价值标准的方式，完成业务目标。

最后，通用电气公司利用 LES 中所规定的领导能力并综合一系列管理实践，来塑造领导力品质。具体包括在员工雇佣或晋升环节，以 LES 的分类标准考察候选人的能力；每年从高管、同事、客户和下属的全方位、多角度的反馈中给领导者打分，以评估其所体现的 LES 能力。而这个得分通常会影响上级决定领导者的年度报酬，以及以后长期的报酬。LES 所涵盖的理念也会指导通用电气公司有针对性地组合培训课程。

实际上，还有成百上千家公司和通用电气公司一样，在领导力特性上投入了大量的精力。以期能够塑造成功有效的领导者。而这些工作都是为了界定一个成功的领导者该有的"身份、知识和行为"。

领导力特性的关键因素

在描述领导者的"身份—知识—行为"的领导力特性模式时，大多数词条（个人性格、知识、行为）可大致归结为四个大类：设定方向、展示个人品格、激发个人责任感、塑造组织能力。图 1-1 描述了这一模型。表 1-1 综合了上述的各类能力，给出了相应维度，以及多数（并非全部）成功领导者在这些维度上所应采取的行动。（表 1-1 中的注释列出了领导力特性模型方面的优秀著作。）

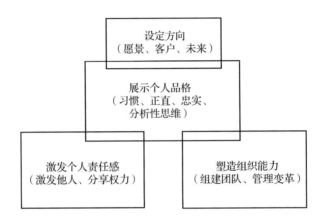

图 1-1 成功的领导者怎么做——领导力特性基本结构概述

设定方向

领导者需要定位公司的未来，展望公司未来的发展愿景。这其中包括了对未来发展的预测，还要同时应对各种影响因素，譬如顾客、技术、监管者、竞争者、投资者和供应商等。面对这样的未来发展状况，领导者必须确定公司的定位，创造公司特色，并为所有股东增加财富。有许多术语可以描述所谓的未来：愿景（vision）、使命（mission）、战略（strategy）、抱负（aspiration）、目标（destination）、远见（foresight）、价值观（value），等等。这些词语内涵差别细微，但都在说明领导者在定义公司未来的时候，要鼓励员工参与并做好资源配置，从而实现美好的未来。在给公司的未来设定方向时，领导者必须明确并做到以下三件事：理解外部事件、专注未来发展、化愿景为行动。

激发个人责任感

领导者将愿景转化为可执行的任务时，需要其他员工参与进来，还要把未来的远大抱负转变为每一天的实际行动来要求每一名员工。通过这样的方式参与进来的员工，才能尽心尽力地让自己的行动同组织目标相契合，并奉献出自己的脑力（mind）、心智（heart）和灵魂（soul）来努力达成组织所追求的目标。领导者若希望员工能够付出，自身也要相应地付出宝贵的时间和精力，利用好公司的个人和团队。为此，领导者必须建立良好的合作关系，做到知人善用、分享权责，并管控好自己的注意力。领导者要让员工能够感受到在组织目标实现的过程中，自己的付出起到了什么样的作用。

塑造组织能力

领导者不但要激发员工个人的责任感，还要能够塑造组织能力。所谓组织能力是指为公司组织创造价值的流程、实践和活动。[12]领导者要有能力将组织的发展方向转换为方针，将愿景转换为实际行动，将目标转换为切实可行的流程。公司能力反映了员工和顾客眼中的公司形象。这就要求领导者能够履行至少以下五种职责：构建组织结构、提升多样性、调动团队、设计人力资源体系、进行革新。领导者若能全面履行这五项职责，将为公司带来长期效益。所得到的要比任何个人单独付出所能得到的多得多。领导力特性的总结见表1-1。

表 1 – 1　领导力特性总结

维度	行为或者行动示例 下列各项应该达到的程度
	<center>设定方向</center>
理解外部	• 有强烈的顾客导向[⊖] • 深刻思考，有洞察新的可能性的能力[⊖] • 拥有形成公司以外的人际网络的远见、技巧和资源[⊜] • 调用各种资源进行革新，提高顾客生产力 • 能不断地向组织提供清晰的前进方向 • 对环境保护具有极强的责任感
着眼于未来	• 对创造前景充满信心[⊕] • 能明确表述切实的前景、价值观和战略[⊗] • 制定开创性任务[⊗] • 能通过一系列鼓舞人心的核心价值观和信念来经营[⊕] • 定义、塑造和运用核心价值观[⊗] • 从顾客角度构思业务 • 通过业务洞察、技术前瞻，以及对观念、前景和战略协作的灵活应对和公司形象的提升，来打造公司的未来 • 战略性思考

⊖ Arthur Yeung and Doug Ready, "Developing Leadership Capabilities of Global Corporations: A Comparative Study in Eight Nations," *Human Resource Management Journal* 34, no. 4 (1995): 529 – 548.

⊖ Rosabeth Kanter, "World-Class Leaders: The Power of Partnering," in *The Leader of the Future*, ed. Frances Hesselbein, Marshall Goldsmith, and Richard Beckhard (San Francisco: Jossey-Bass, 1995), 89 – 98.

⊜ 同上。

⊗ Edgar Schein, "Leadership and Organizational Culture," in Hesselbein, Goldsmith, and Beckhard, *The Leader of the Future*, 59 – 70.

⑤ Yeung and Ready, "Developing Leadership Capabilities."

⊗ Stephen Covey, "Three Roles of the Leader in the New Paradigm," in Hesselbein, Goldsmith, and Beckhard, *The Leader of the Future*, 149 – 160.

⑦ Jac Fitz-enz, survey, Saratoga Institute, 1997.

⑧ James Heskett and Leonard Schlesinger, "Leaders Who Shape and Keep Performance-Oriented Culture," in Hesselbein, Goldsmith, and Beckhard, *The Leader of the Future*, 111 – 120.

（续）

维度	行为或者行动示例 下列各项应该达到的程度
化愿景为行动	• 将业绩与前景结合起来[一] • 激发共同的愿景[二] • 赢得他人支持，获得未来发展 • 化战略为成果 • 激发共同的目标 • 创造成功的氛围
激发个人责任感	
建立合作关系	• 对人充满爱心 • 有独自工作的能力，也有与他人共事的能力[三] • 以积极的态度领导、给予支持和鼓励，而不是审视、批评和价值评估[四] • 通过推进合作目标、建立信任来促进合作[五]
分享权力与职权	• 有意愿和能力与别人分享权力和职权[六] • 多听少说[七] • 有意愿和能力让他人参与工作，并启发他人的参与[八] • 不失体面地行使权力[九] • 授权于员工，使其投入工作[十]

㊀ Kenneth Blanchard, "Turning the Organizational Pyramid Upside Down," in Hesselbein, Goldsmith, and Beckhard, *The Leader of the Future*, 81 – 88.

㊁ James Kouzes and Barry Posner, *The Leadership Challenge*: *How to Keep Getting Extraordinary Things Done in Organizations* (San Francisco: Jossey-Bass, 1995).

㊂ Charles Handy, "The New Language of Organizing and Its Implications for Leaders," in Hesselbein, Goldsmith, and Beckhard, *The Leader of the Future*, 3 – 10.

㊃ Blanchard, "Turning the Organizational Pyramid Upside Down."

㊄ Kouzes and Posner, *The Leadership Challenge*.

㊅ Schein, "Leadership and Organizational Culture."

㊆ Heskett and Schlesinger, "Leaders Who Shape and Keep Performance-Oriented Culture."

㊇ Schein, "Leadership and Organizational Culture."

㊈ Heskett and Schlesinger, "Leaders Who Shape and Keep Performance-Oriented Culture."

㊉ Covey, "Three Roles of the Leader in the New Paradigm."

（续）

维度	行为或者行动示例 下列各项应该达到的程度
分享权力与职权	• 授权于他人，使其尽全力做好事情① • 分享权力和信息，增强他人实力② • 运用不同方式激发他人最大潜能 • 为员工创造机会，将他们最强的个人潜能转化成团队力量
控制注意力	• 管控个人精力，把握员工的身体状态③ • 用语言触动心灵④ • 通过以下几点来营造感受：⑤ 给担心的人以信心 给犹豫不定的人以肯定 在犹豫时果断行动起来 给脆弱的人以力量 给跟跄前进的人以技巧 给懦弱的人以勇气 给愤世嫉俗的人以积极乐观 让人相信未来将变得更美好
塑造组织能力	
建立组织基础	• 具有标准的领导能力，即有寻找和整合资源的能力，有精细安排各个项目中诸多活动的能力 • 塑造每个项目所要求的特定领导力⑥ • 协调并确保组织和战略保持一致⑦ • 同所有雇员积极沟通，进行广泛的信息交流 • 对组织的长期战略全面负责，以建立一个有价值的组织 • 为组织的不断发展提供鼓励和资源支持⑧ • 为公司的经营目标予以积极支持

---

① Yeung and Ready, "Developing Leadership Capabilities of Global Corporations."

② Kouzes and Posner, *The Leadership Challenge*.

③ Blanchard, "Turning the Organizational Pyramid Upside Down."

④ Heskett and Schlesinger, "Leaders Who Shape and Keep Performance-Oriented Culture."

⑤ Judith Bardwick, "Peacetime Management and Wartime Leadership," in Hesselbein, Goldsmith, and Beckhard, *The Leader of the Future*, 131 – 140.

⑥ William Bridges, "Leading the De-Jobbed Organization," in Hesselbein, Goldsmith, and Beckhard, *The Leader of the Future*, 11 – 18.

⑦ Covey, "Three Roles of the Leader in the New Paradigm."

⑧ Jac Fitz-enz, survey.

（续）

维度	行为或者行动示例 下列各项应该达到的程度
发挥多样性 的作用	• 包容多样性，但对绩效、标准和价值观严格把控，能接纳下级的突出能力[一] • 整合不同的文化、部门和方针 • 能巧妙地解决冲突并找到共同点[二] • 提倡搭档关系及相互协作的行为方式[三] • 充分调动员工，不论民族、性别、宗教或者文化的差异
部署团队	• 建立能自我管理的项目团队[四] • 交流想法和经验，能与其他人共享[五] • 选用现有的最具潜质的团队成员 • 经常提供明确的反馈，帮助团队提高业绩 • 即便在亏损时也支持团队
设计人力 资源系统	• 建立或创造公司文化 • 保持并维护公司文化 • 具有分析文化假设的技能[六] • 充当文化变革的推动者或者管理者[七] • 有意识地促进观点明确、催人奋进的文化[八]
促进变革	• 引导变革并起到变革推动者的作用[九] • 展示情感力量，以应对因变革而引起的焦虑[十]

[一] Peter F. Drucker, "Toward the New Organization," *Leader to Leader* 2, no. 3 (1997): 6–8.

[二] Kanter, "World-Class Leaders: The Power of Partnering."

[三] Jac Fitz-enz, survey.

[四] Bridges, "Leading the De-Jobbed Organization."

[五] Kanter, "World-Class Leaders: The Power of Partnering."

[六] Schein, "Leadership and Organizational Culture."

[七] Yeung and Ready, "Developing Leadership Capabilities of Global Corporations."

[八] Jac Fitz-enz, survey.

[九] Schein, "Leadership and Organizational Culture."

[十] Ibid.

（续）

维度	行为或者行动示例 下列各项应该达到的程度
促进变革	• 充当战略性变革的推动者或者管理者[一] • 验证风险并主动承担 • 从错误和成功中学习经验[一] • 坚持寻求更简单的方法，为顾客提供更好的产品和服务 • 在变革中寻找机会，而不是为避免变革找借口 • 发起变革，而不是迫于外部的变革压力做出被动反应 • 对现状深刻反省，勇于质疑 • 运用他人的贡献和观点作为改革的促进因素
	展示个人品格
以实践体现 价值观	• 体现所在部门的价值观[三] • 主动对照和检验自身形象并使之适应于所在环境[四] • 通过树立榜样进行领导
树立积极的 个人形象	• 具有自我信念：自信、谦逊[六] • 有出色的理解力和洞察力 • 具有出色的激励能力，能让团队成员度过学习和变革中的阵痛[七]
拥有认知能力 和个人魅力	• 性格开朗、乐于助人 • 能接受现有框架之外的信息 • 能预见到新的、打破现有模式的可能性[五] • 寻找学习的机会 • 正直行事 • 学习更广泛的商业知识 • 从新角度观察事物，提升洞察力 • 从错误中学习 • 敢于接受批评

㊀ Yeung and Ready，"Developing Leadership Capabilities of Global Corporations."

㊁ Kouzes and Posner，*The Leadership Challenge*.

㊂ Heskett and Schlesinger，"Leaders Who Shape and Keep Performance-Oriented Culture."

㊃ Drucker，"Toward the New Organization."

㊄ Handy，"The New Language of Organizing and Its Implications for Leaders."

㊅ Schein，"Leadership and Organizational Culture."

㊆ Kanter，"World-Class Leaders：The Power of Partnering."

（续）

维度	行为或者行动示例 下列各项应该达到的程度
拥有认知能力 和个人魅力	• 具有自我学习的灵活性，用新思路去考虑问题并尝试新事物[○] • 接受挑战，提升自我 • 有效应对复杂、混乱和对立的情况 • 对有悖常理的方案予以考虑

展现个人品格

毋庸置疑，领导者都有着鲜明的个性。正如著名学者沃伦·本尼斯所言："个人拙见：领导力其实就是一个性格问题。成长为领导者，与成长为具有完全人格、健康体质的人的过程，一般无二。"[13]领导者的追随者们需要一个他们能够信任、理解并认可的领导者。这一因素被库泽斯（Kouzes）和波斯纳（Posner）称为"可信度"（credibility）。他们还进一步定义了构成"可信度"的领导特性，包括：正直诚信、积极鼓舞、注重公平、乐于帮助。[14]领导者富有个性，但他们要积极实践自己所倡导的，并与公司的价值观保持一致，从而在他人心目中树立一个正面形象，同时，展现出极高的认知能力和极强的个人魅力。马克斯·德普雷（Max DePree）是赫曼米勒家具公司（Herman Miller）的前任CEO，他就曾描述了一名理想的领导者应有的品质，包括：精神、信任、热爱、优雅、热情、亲密和乐于服务。甚至在史蒂芬·柯维（Stephen Covey）和沃伦·本尼斯所提出的领导力模型框架中，似乎同样注重领导者品格。品格（character）总的包括了行为、习惯、技能和性格。[15]无疑，随着领导者不断培养和发展品格，他们就能渐渐成长为更加成功的领导者。

○ Michael Lombardo and Robert Eichinger, "Learning Agility," working paper, Lominger, Minneapolis, 1997.

要拥有有效的领导力，就必须掌握上述四类特质所涵盖的知识，并付出相应的实践行动。随着挖掘新人才，构建领导力深度越来越成为公司竞争力要素。一个公司培养领导者这四个方面的能力，比以往任何时候都显得更加重要。表1-1可以帮助领导者找到其特定的个性、知识和行为模式，让其成为更优秀的领导者。

近几年，对领导力的反思和研究提升了领导力模型的质量，拓展了它的使用范围。[16]领导力特性也可以与不同的经营战略、地理位置和行业相适应。在行为术语中，领导力特性也得到了相应的定义，能够通过全方位的反馈机制得到更加准确的评估。[17]在很多公司里，领导力特性会列入个人发展计划书中，帮助领导者加强自我身份认知、知识能力储备和行为能力提升。

领导力特性还会编入绩效提升计划书中，影响员工的薪酬水平，从而改变他们的具体行为。

借助改进过的领导力模型，领导者既可以获得领导者所普遍拥有的素质，也可以学到特定的技巧来应对任何层次、职能、行业和地域的领导问题。但很显然，有些技巧虽然可以言传身教，但有些只能亲自体验。有些品行虽然可以后天习得，但有些却只是领导者先天个性的固有部分。然而，即便是后一种情况，培训通常也可以改善某项品质，足以平衡和弥补领导者在个人资质上的不足。

领导力模型的缺陷

之前，我们列了一个公式：领导力有效性＝领导力特性×领导结果。可以看出，提升领导力特性所付出的努力，在这个公式中应该占有尽可能多的权重，这一点非常重要。其实，领导力模型还应该关注领导结果，并将领导力特性同领导结果联系起来。但在此之前，领导力模型还有六个方面的问题值得注意。虽然有越来越多的领导力模型考虑得更加周到，也更有新意，在某种程度上克服了这几个方面的问题，但是一些公司和领导者还是会陷入领导力模型的陷阱中。若是能避免这些陷阱，就能造就一个高质量的领导力模型以及更全面的领导力。

未来胜于过往

多数领导力模型将表现优秀的领导者与表现不佳的领导者区分开来，分为两组，并分析各自的性格特点、知识水平和行为方式。这样做虽然能行之有效地区分优秀和平庸，但仍然是有缺陷的。两组人都是在现时状态下工作的，受限于现行的环境和战略，因此，最终获得的领导力特性的架构，是来源于现在而不是未来。现在表现优秀的领导者在将来可能就会显得平庸，因为职场变化得太快，在很多职业领域，知识半衰期变得越来越短。这就要求优秀的领导者能"忘掉"目前所学的、所做的，避免依赖过去的和现有的领导力特性，转而关注适应未来要求的领导力特性，从而避免陷入仅关注当下的模型陷阱中。

定制模型胜于普通模型

虽然很多公司在部署自己的领导力模型时都会说自己的模型是精心打造、量身定制的领导力模型，但它们仍然是依赖于同样的几家咨询公司，借鉴的还是几个流行的领导力模型而已。这样一来，尽管公司希望提供独一无二的领导力模型，但这些模型除了在行业和策略上有些差异之外，在本质上还是彼此雷同的。一个真正定制的领导力模型，所体现出的领导力特性应该能够反映一家公司所面对的特殊挑战和难题。所以，在建立领导力模型时应更多地关注业务需求，而不是对优秀的管理能力泛泛而谈。

行为模型胜于理论模型

虽然很多领导力模型越来越关注领导者的行为，但并非所有模型都是如此。一些模型仍然在泛泛而谈领导力特性，提出诸如处理分歧、恪守诚信等概念。这些概念可能有一定的含义，但只有转化为特定的行为时才能发挥作用并确切衡量。基于行为的（behavior – based）领导力模型能够在造就出色领导力的同时实现有效的变化；基于理论概念的（concept – based）模型却做不到这一点。要构建出以行为为重点的领导力模型，就需要具体说明领导者的能力是通过何种行为体现出来的，领导者应该多做哪些、少做哪些。例如，恪守诚信转换为特定的行为可以是"无论任何工作，都不行贿、不受贿，不收取任何形式的私下好处"。

业务或职能部门打磨出的模型胜于人力资源部门给出的模型

人力资源部门所提出的领导力模型，与业务或职能部门打磨出来的模型相比效果要小。通常构建领导力模型的不是一名人力资源专家，就是委托的咨询顾问。他们策划设计领导力模型，并将其呈给公司的执行委员会以获得批准。虽然他们的方案经过了严密的调查论证，显得有凭有据，但同那些经历了业务或职能部门管理者参与的模型相比，效果就小得多了。领导力模型只有刻上真实体验的印记，才更可能同领导者、经理、职员产生联系。如果能让那些业务或职能部门的一线经理更多地参与到模型的制定中，就可以更进一步提升他们对该模型的认同程度。

领导力模型重在运用而非创造

很多领导力模型或方案将80%的精力放在了建立模型上，而只有20%的精力用于模型的部署和运用。这里的部署和运用指的是领导力特性如何影响人员配备、员工培训、薪酬发放、交流沟通等管理实践方面的问题。而一旦领导力特性被定义为行为术语就不能够对管理实践产生实际作用，这种情况时常发生。为了避免这种情况的发生，就要把领导力特性转变为人员配备、员工培训、薪酬发放等管理活动的基础。

定义全面而非只注重高层领导者的素质

有很多领导力模型将关注的重点放在了 CEO 或其他同等级别的高层领导者身上。[18]高级决策者的特性成了定义领导力好坏的基本标准。这样的模型暗示只有 CEO 们（或其他同等级别的高层领导）才能达到领导效能的巅峰，如同他们在公司层级结构中的地位一般处于最顶层。同时，它似乎还要求公司组织的每一个人效仿高层领导者的特性。当然，公司顶层的有效领导者不可或缺，但对于整个组织的领导力而言还远远不够。在一个组织中，每个层级都应该形成有效的领导力。一个好的领导力模型应该从组织整体的角度出发，将领导者必需的技能和品质都考虑进来。

认识到这些模型的不足与缺陷，对于任何领导力模型而言都有助于提升它们的有效性和实用性。但即便现有的领导力模型将这些问题都彻底解决，仍然不能为公司成功和竞争力提升塑造出所需的领导力特性。因为这些模型有一个更加本质的、无法解决的缺陷：未将领导者创造领导结果的责任考虑到其中，即只在领导效能公式（领导力有效性 = 领导力特性 × 领导结果）的部分问题上做文章。

领导结果造就更优秀的领导者

担任领导者不仅需要鲜明的个性、更新的知识和果敢的行动，还需要重视领导结果。而现在的领导力模型如同市场上购买的商品一样，虽然经过了加工提炼还有经验支撑，表面上也显得很有诱惑力，但很可能会误导领导者，更要命的是，人们对领导结果的重要性和本质还缺乏足够的认识。

进一步讨论如何成为有效的领导者，就要把领导力特性同领导结果联系起来。这要比假定一系列的领导力特性能产生领导结果更有意义。换言之，联系起来就是要非常明确地关注所期待的领导结果，将特定的领导力特性同相应的领导结果联系起来。为领导结果所花费的时间和精力，换来的是公司领导者整体素质和领导效能的提升，得到的是成倍的回报。此外，还将重新审视、提升现有的领导力特性，以保证领导力能够真正创造价值。

世界上多数公司认识到了这一点，并开始实施领导力培训项目，旨在弥补领导力特性同领导结果之间的差距，以此来造就不但考虑全面、处事慎重、善于鼓励而且富有成效的领导者。朗讯科技公司（Lucent Technologies）就是这样一个例子，公司的人力资源部副总裁维姬·法隆（Vicky Farrow）发起了一项积极有力的措施来塑造以结果为导向的领导者。各级经理在将个人领导力提升纳入自己的职业计划时，首先会被问到"你需要取得什么成果"这一问题。这些领导者就会重新审视经营战略、战略实现方式，以及如何取得两全的结果，以便同战略保持一致。法隆会继续问道："如果满分为100分，你给自己目前实现这些结果的能力打多少分？"这样领导者就得重新审视自己实现这些结果的能力和准备程度了。多数人对法隆回答的分数在60分到70分之间。最后一个问题是："为了实现这些结果，你必须学什么、做什么？"它帮助领导者认识到，为了实现想要的结果，他们必须要有怎样的品质、知识和行为。通过这个过程，让领导者将自己所要创造的结果同他们的个性、知识和行为联系起来。

惠普（Hewlett-Packard）公司要求其所有领导者不仅要对自己的行为负责，还要对他们创造的结果负责。上至公司高层，下至每个级别的领导者，都要负责相应的领导结果。惠普的首席执行官卢·普拉特（Lew Platt），每年也都会公布一个非常关键的短期目标，或者说是公司的一个极其重要的突破目标，来阐述公司的首要事务。近期，惠普有两个公司短期目标，一个是关于顾客的，一个是关于人才的。顾客目标是要消弭顾客期望同惠普满足顾客期望的能力之间的差距，旨在提升顾客的忠诚度和满意度。人才目标是打造出一个吸引、发展、保留高端人才的环境，这是公司最根本的可持续竞争优势。人才目标的重点在于让惠普采取一些措施，从而成为"最佳的工作地点"和"首选的雇主"。这些措施包括：重视公司多样性，培养不断学习的意识和职业自立能力，帮助员工管理好工作和生活，创造一个安全有保障的工作环境。

针对部门，惠普制定了一项名为"消弭领导力差距"的方案。方案将领导者和他们需要完成的结果关联起来。高级业务经理们所要关注的重点也是每个部门领导者要完成的结果。同时，部门领导者还要讨论业务战略，汇总各部门领导者要完成的结果以实现战略。为了保证结果清晰和统一，每位高级领导者都要回答下面这个问题：本部门要获得成功，必须取得怎样的结果？如果在这个问题上没有清晰统一的答案，他们就不能真正做到以结果为导向。一旦结果明确，每位领导者所需的知识和行为也就能规定出来。在这些信息的基础上，公司再进一步投入，通过培训课程和实践经验来塑造更好的领导者。

美国南方电力公司（Southern Company）是一家全球性的电力公司。

在以前，公司领导者们的工作环境有着明确的规章制度，他们十分注重工作结果，衡量结果的标准包括提供可靠的服务、高安全性和良好的社区关系等。之后，由于市场竞争的加剧，价格和顾客服务成为取得成功的驱动因素，领导结果的衡量也随之将关注的重点转向市场情况和提升组织灵活性上。南方电力公司通过以下两个途径塑造出了能以正确的方式取得结果的领导者：一是美国南方电力公司学院（Southern Company College）的市场经济学课程，它帮助领导者理解效益成本，专注以结果为导向的领导力；二是运用预期成果（performance expectation）的概念，将关注的重点转向达成业务成果的共同目标，并制订一个能达成目标的计划。南方电力公司的高层认为，领导者的领导素质如果不能提高在新的竞争环境中所需达成的结果，那么这个领导力模型就是有缺陷的。南方电力公司的管理实践已经在尝试平衡"成效"（领导者所预期的结果）和"方式"（领导者特性）之间的关系了。

在非商业领域中，以结果为导向的领导力同样适用。宾厄姆中学（Bingham Middle School）位于美国堪萨斯市，纪律涣散，目标不明确，发展前景堪忧，是一所名声很糟糕的中学。贝琳达·伍德森（Belinda Woodson）当上这所中学的校长之后，第一件事情就是明确结果——她希望为这所学校带来的改变。其中包括：保证学生安全，创造积极的学习环境，实现一个共同的愿景，即所有的学生都能"遵守纪律、好好学习"。在雇用学校管理人员和教学人员时，她会不断地了解他们对这些结果的理解程度和责任感。每个月，她都会根据结果制定出具体的措施，并同全体教职员工沟通交流。隔月举办一次教工大会，其中会有一个"教学与学习"的环节，以回顾目标的进展情况。如果教职员工完成了既定的措施，她就会给个人或集体予以奖励（月度教师之星、餐券、办公椅等)。

在这些案例中,领导者关注的重点既包括了"获得什么"(结果)也涵盖了"如何获得"(特性)两个方面的内容。现在,有必要重新审视和平衡这两个方面,包括结果的定义以及如何实现结果。无论领导者个人拥有多少领导力特性,如果不关注领导结果,最终都将是无效的,在任期内恐怕也只是碌碌无为。

当然,对领导力特性的分析和研究还将继续下去。但仅有领导力特性是不完善的。同样,不知道领导者是谁,不了解他们的知识水平,不清楚他们为获得结果所付出的行动,就去衡量结果也是不完善的。要真正实现提升领导力素质,既需要了解领导力特性,也需要评估他们获得的领导结果的有效性。

简言之,近些年对领导力的研究好比钟摆,过多地偏向领导力特性的那一边,而且在那边停留得太久。现在,钟摆必须摆到平衡点的另一侧,即领导结果这边来。但这次更要求领导者去找到领导力特性和领导结果之间的本质联系。

领导者拥有领导力特性却不能获得领导结果,就好比拥有想法却没有实质内容。这样的领导者传授的东西可能自己都没弄明白,多是纸上谈兵、因循守旧。即使有合理的一般性原则指导,采取了行动,也仍然不能给出结果。这样的"方法—特性"模式,最后不会获得任何结果。靠着个人魅力和领袖气质而受到欢迎的领导者并不能被人记住,因为他们的领导力更多地依赖于自己的个性和行为,而不是他们最终获得了哪些结果。而能获得结果但缺少领导力特性的领导者同样会发现自己的成功是短暂的,他们不知道成功的原因是什么,既不能复制自己的成功又不能从成功中获得经验。对他们而言,为了结果可以不择手段,只要方法能得到结果就是合理的，但他们所获得的结果还未持续多久就会消失不见。缺乏领导力特性的领导者可能有一定的天赋，但是性格上的缺陷抑制了他们领导能力的发挥，他们会在工作上排挤他人，犯下致命的错误，让自己精疲力竭。而真正成功的领导者会将自身的领导力特性同所求的结果紧密联系起来，从而获得持久的领导结果。

请牢记：领导力有效性 = 领导力特性 × 领导结果。

以结果为导向的领导力的益处

以结果为导向的领导力的积极效应可以体现在公司组织的各个部门，无论是在装配车间的流水线上还是发货码头上，抑或是在公司的餐厅里或者财务部门中，公司的规划部门和高级领导也可以从中受益。公司的各级领导者都需要获得结果，而以结果为导向的领导模式能将他们从公司的层级制度和职务局限中解脱出来，充分发挥自己的能力。

以结果为导向的领导者在决定如何做事之前，必须要问问自己"想要得到什么"，并给出这个问题的答案。而没有充分了解所求的结果，很可能会事倍功半。以结果为导向的领导者还应该了解受众和顾客的需求，想办法去满足这些需求，才能真正诠释结果的内涵。

以结果为导向的领导者要以实际行动来定义自身角色。他们应当说明想要达成的结果，这样才能让他人更清晰地了解规划，才能让规划有意义。员工愿意追随的是那些了解自己是谁（自身领导特性）、知道自己在做什么（自己要达成的结果）的领导者。这样的领导者性格直率、目标明确、行事稳重。

以结果为导向的领导者要以成就而非目标来评估自己的领导效能。

不以领导结果为关注重点，就很难评估领导效能。衡量领导结果对公司的益处体现在多个方面。首先，可以帮助跟踪领导者个人的成长发展。其次，帮助比较在同样领导角色中不同领导者的领导效能。再次，让领导者的选拔流程更加清楚明了。最后，帮助构建领导力培养项目。将领导结果当作筛选标准，就可以遴选出合适的人选进入公司组织，并进一步明确如何培训这些人选。最终，对领导结果的关注将有助于每一位领导者将领导力特性转化为产出。

对领导结果和有效领导力之间的联系曾有过相关研究。史蒂夫·克尔（Steve Kerr）和他同事的研究是最有价值的研究之一，他们提出了所谓的"领导替代理论"（substitutes for leadership）。[19]他们首先假设为了获得结果，在任何情况下，员工都必须具备两个要素：一是技能；二是动力。只要工作的员工同时拥有了技能和动力，那么要获得结果，需要领导者做的就少之又少，这就出现了所谓的领导力替代。但在其他情况下，员工会因一些原因缺少技能或者动力，这时领导者要获得结果，所要做的就是提供相应的技能和动力。总之，以结果为导向的领导者应该：既关注所需要得到的结果，也要重视得到结果所要做的工作。此外，还要完成工作任务。

本书将帮助领导者或有志成为领导者的人，找到领导力特性和领导结果之间的平衡与联系，为改善领导效力、提升生产力打开新思路。同时，本书还将帮助领导者回答以下核心问题。

成功有效的领导者需要什么样的个人特质？

成功的领导者有四件事情需要去了解和实践：设定方向，激发个人责任感，塑造组织能力，展示个人品格。在本章中的一系列讨论、各类图表数据和参考文献，综合了很多在领导力特性方面有价值的成果。这些可以作为评估自己和他人的一个出发点。此外，本章还指出了当前众多领导力模型应当避免的缺陷和问题。

如何衡量成功有效的领导者？

有一个简单的公式可以用来衡量成功有效的领导者，即：领导力有效性＝领导力特性×领导结果。此外，本书随处可见评估构建领导力特性（见表1-1）和帮助获得领导结果的工具，在第二章和第六章中尤甚，第七章总结了一些最有效的工具和行动，可以帮助那些不懈努力的领导者通过关注领导结果来取得成功。

以领导结果为关注点，如何确定要关注哪些结果？

第二章主要阐述的有：人们所追求的目标结果，目标结果同战略结合的必要性，目标结果在员工、组织、顾客、投资者这四方面利益相关者之间取得平衡的必要性。为了获得目标结果，领导者必须在这四方面创造价值。举例来说，如果只满足员工，那么只能得到有责任心的员工，而未能满足顾客需要或者没有实现投资者目标，那么这样的组织也不会取得成功。

如何平衡看似冲突的目标结果？

在平衡员工、组织、顾客、投资者四方面的目标结果时，需要将它们同组织的战略联系起来（参见第二章）。清晰的公司战略好比一只号角，指引着公司的员工、顾客和投资者走向正确的道路，让组织以最佳方式分配精力、运用资源，从而描绘出一幅领导力分布情况的清晰图景，即哪些结果需要更多的领导力，而哪些结果可以少一些领导力的投入。

如何定义、实现、衡量结果？

本书的第三章到第六章为员工、组织、顾客、投资者四个方面的目标结果提供了诊断工具，领导者可以用来对结果进行定义，也可以用来评估自身的成就。每一章都提出了一个概念框架来描述结果，说明领导者如何取得这些结果，并提供了特定的工具。所有措施都是行之有效的。

如何实现确定好的目标结果？

第七章所讲述的 14 种特定行为，可以帮助领导者提升领导力有效性公式中领导结果的比重，无论它们处于公司何等层级上都能发挥作用。

领导者如何保证其他领导者取得结果？

如果领导者不能将以结果为导向的必备技能和动机传给下一代领导者，即使自己获得了结果，取得了成功，但最终也会让公司的经营失败。第八章就讨论了领导者培养领导者的重要性。不论是首席执行官还是首席学习官（Chief Learning Officer），所有领导者实际上都必须承担起责任，去培养以结果为导向的下一代领导者。只有这样才能实现公司愿景，达到目标，取得成功，完成从愿景到业绩、从目标到成果、从潜力到成功的转化。合格的领导者在获得个人的目标结果的同时，通过培养自己的员工创造了公司的未来，也造就了有活力、健康，以及富有生产力和竞争力的组织。

结论

通过列举和回答上述问题，我们将领导力的焦点转向了领导力特性和领导结果之间的平衡和联系上。经过进一步的论证，本书对下一代的领导思维也进行了大胆的阐述。但这并不意味着减少对特性投入的关注，但也确实是在强调让领导者理解他们所取得的结果，知道结果是如何取得的，同时为自己的结果负责。

附录 A　通用电气公司领导力评估表

评分范围：

急需培养	1	2	3	4	5	能力出众

领导力特性	评价指标
愿景	• 为组织制定和传达了一个清晰、简单、以顾客为中心的愿景/方向 • 前瞻性思维，视野开阔，能激发想象力 • 鼓励他人为愿景做出贡献；赢得关注；以身作则 • 适时更新愿景，以表明持续不断的快速变化会影响公司业务
对顾客/质量的专注度	• 倾听顾客意见并将顾客满意度视为最优先的事项，这里的顾客也包括内部顾客 • 在工作的方方面面都富有热情，并展示出对于出色业绩的渴望 • 在全面产品/服务质量方面努力实现承诺 • 坚持为顾客服务，并在组织上下树立起为顾客服务的意识
正直诚信	• 在行为的每个方面都坚持正直诚信 • 对于承诺贯彻到底；对于自己的错误勇于承认 • 完全遵循公司政策，承诺以 GEI&PS 道德标准行事 • 言行一致，并能获得他人的完全信任
义务/承诺	• 做出承诺，积极进取，以实现经营目标 • 有勇气/自信去坚持信仰，提出想法，并参与协同工作 • 公正、富有同情心，但也能在面临两难时做出果断决定 • 对防止环境污染具有极强的责任感
沟通/影响力	• 以开放坦诚的态度交流，观点明确完整，前后一致——鼓励反馈、容忍不同意见 • 有效地倾听他人并探询新想法 • 用事实和理性的论证来影响和说服他人 • 打破团队、职能部门和公司层级间的障碍，培养有影响力的关系

（续）

领导力特性	评价指标
共享/无边界	• 面对传统公司的层级结构，也能充满自信地分享信息并乐于接受新观念 • 为了团队愿景和目标，乐于共享，也鼓励共享所有权 • 信任他人，鼓励承担风险和打破既有部门间的边界，敢于创新 • 让所有人都能感受到对群策群力的支持态度，对各方面的观点都保持开放心态
团队构建/ 权力分配	• 能遴选有天赋的人；提供培训和反馈让团队成员发挥出最大的潜能 • 能分配好工作任务；授权团队以实现最好的效果；自己也是团队协作中的一员 • 发现并奖励成果；创造积极的、令人愉快的工作环境 • 充分利用团队成员的多样性（文化、种族、性别等）来获得商业成功
知识/专长/智力	• 拥有并愿意分享功能性/技术性的知识和专长；有持久的学习兴趣 • 拥有广泛的业务知识/观点，并具有跨职能/多元文化的观念和意识 • 通过有限的数据做出好的决策，并充分发挥自己的聪明才智 • 能从不相关的信息中快速筛选出相关信息；理解复杂事务的本质，并采取行动
主动性/反应速度	• 创造真实的、积极有效的变革；能将变革视作机遇 • 预见将要产生的问题，并提出新的、更佳的工作方式 • 对"官僚主义"持消极态度，避免/消除"官僚主义"；努力做到简洁、清晰、明了 • 真正理解反应速度，并将其作为竞争优势
树立全球性观念	• 拥有全球视野的意识/敏感度，并乐于建立多样性/全球性的团队 • 重视全球资源和劳动力，充分利用并促进资源全球化和劳动力多样化 • 考虑每个决策所能导致的全球性结果，积极摄取全球性知识 • 尊重他人，信任他人

资料来源：《CEO 杂志》（*CEO Magazine*），1993 年 7 - 8 月，第 40 页。转载已通过通用电气公司许可授权。

第二章

定义预期结果

不关注结果的领导不是好领导。也就是说，对预期结果不够关注的领导并没有真正地发挥其领导职能。当然，每位领导者都会得到这样或那样的结果，但前提是每个组织机构都"充分发挥其职能并完成其使命"。如果领导层未能达到目标、期盼、期望或计划中的结果，即预期结果，就会出现第一章中提到的领导力差距。

领导者应当了解并关注预期结果。本章所要讲述的并不是能确保实现短期目标的神奇方法，而是实际上更有用的东西——领导者为了实现短期和长期目标需要持续关注且值得参考的评价标准，以及确保领导力特性能够转化为合理结果的测评手段。

下面的例子就证实了这一情况：

巴兹·尼尔森（Buzz Nielsen）大学一毕业就从事了汽车装配工作。作为团队领导，他很喜欢自己的工作，并有进入更高管理层的雄心。升任轮班主管后，他斗志昂扬，做好了当一个好领导的准备。他不断地从书籍、录像及领导力会议中学习，形成了一份任务宣言书，并与前任主管讨教，明确目标，终于成为一名训练有素的领导。他通过提升三个方面的能力来发展自己，他认为，想要成为一个好的领导，需要：一，提高人际交往能力；二，舍得放权；三，在管辖范围内严格实行质量管理。不过，有些曾任同样职位的同事却认为他的理论未免显得太过空洞，言之无物。这样的小道消息传到他耳中，也让他感到很窘迫，因此怀疑这个领导职位是否真的值得他所有额外付出的努力。

正如第一章所讲，好的领导需要好的习惯、品质、能力、知识、行为、风格、动机、价值观和个性，总而言之就是"领导力特性"。但是，不谈结果空谈领导力特性，就像一本从未被演出过的剧本，是未经实践考验的理论之谈。谈结果意味着对最终产出物的关注，而不是将焦点放在实现结果的方法上。结果导向的领导力意味着要取得成果，仅仅拥有出众的领导魅力是远远不够的。

关注预期结果的领导者必须明明白白地说清楚预期结果是什么。这样的领导者内心总有一个很简单的质询："结果是什么？"在明确领导力特性的过程中，领导者必须考虑："结果是什么？"通过回答这个问题，领导者就能把所谓的领导力特性转化为实实在在的结果，期间确保每一种特性都为预期结果而服务。这个问题好比每项领导力特性的试金石：可见的行为是否转化成了预期结果？其中，未能促成结果实现或与结果无关的特性不考虑在内，这个道理很简单。

巴兹的例子说明，作为轮班主管，他不仅需要提高领导力，还需要明确并努力实现他在岗期间的目标——在他当值期间做出成绩。假如不能取得结果，即使他个人能力提升，也会影响他的公信力和领导成就。

巴兹努力为自己的工作构想了一份美好的蓝图，却没有为"结果是什么"这个问题找到答案。如果不理会这个问题，领导效能就无法完全体现。因此，若把"结果是什么"这个问题与巴兹所说的三点领导力特性结合后再次陈述，我们就会看到明显的不同。

- 提升我的交际能力，预期结果是，我当值期间大家乐于向我提出有利于生产改善的建议，最终有望每月与生产目标相比超额完成 5%。
- 要舍得放权，预期结果是，让每位员工都有使命感，从而缓解因员工旷工、请病假或消极怠工造成的产量下降 25% 的现象。
- 全面实行质量管理，预期结果是我们的生产质量超过其他所有班次或生产线，这一点可以用每 1 000 件产品中的次品率来衡量。

这个例子看似简单，却说明了一个基本问题：领导者越是清楚地表达出要追求的预期结果，越是能从努力提高个人领导特性的过程中获得动力并更好地发挥领导效力。本章将提出为"结果是什么"这个问题寻找答案的方法，以便获得预期结果。

有四个指标可以衡量领导者是否关注预期结果。这些指标决定了领导者在多大程度上能够让每个预期结果得以实现，以及当存在多个预期结果时，领导者所能达到的总体成绩。一是预期结果的平衡性，结果的实现不以忽略任何一个方面为代价（或在任何一个方面失败）。二是预期结果的策略性，结果最终服务于让组织更加独特和具有竞争性这一目标。三是预期结果的持久性，不会为短期效益牺牲长远效益。四是预期结果的无私性，其目的在于为大集体带来利益，而不仅仅是为所属团队或领域服务。[1]有效的结果符合这四项标准，努力追求成效的领导者也必须按照这些标准办事。表 2 - 1 概括了这种结果评价方式。举例来说，巴兹在定义预期结果时，需要考虑这四个指标中的每一项指标（平衡性、策略性、持久性和无私性的指标）。下面我们将逐一讨论这四项指标及其运用方法。

表 2 - 1　定义预期结果：概述

标准	问题	问题的表现	成功的表现
平衡性	我的结果在平衡员工、组织、顾客和投资者四者间的关系上表现如何	结果过度地关注某个方面	结果有效地平衡四个方面
策略性	从以下两点出发，我的结果在多大程度上与策略步调一致： ● 业务重心（如产品、顾客、技术、生产力和分销） ● 顾客要求（如低成本、质量、速度、服务或创新）	结果与策略的联系不紧密或完全无关；结果未能展现出清晰的策略	结果与我的业务密切相关
持久性	我的结果能在多大程度上经得住时间的考验	结果无法持久，是短期的	结果同时实现了长期和短期目标
无私性	我的结果在多大程度上是不顾私利且更多地服务于整体而不是部分的	结果无法使整体效应大于部分效应之和	结果不仅实现我的个人利益，而且帮助整个企业实现了效益

预期结果具有平衡性

在探讨以下指标前有一点需要说明，那就是这些指标并不是用来让我们深感惭愧的。的确，这些指标非常全面，想在所有领域都获得出色结果，这样的领导者恐怕近乎超人。毫无疑问的是，任何一位领导者在用这些指标对自己进行评估的时候，都会发现在某些方面的不足。然而，这些全面的结果指标提供的只是一个标准，使领导者既能看到优点又能找出不足。也就是说，通过与理想的状态进行比较，领导者和有领导潜力的人能够找出改进工作和提升结果的方法。

预期结果必须兼顾多方需求。哈佛商学院的教授、受人尊敬的顾问罗伯特·卡普兰（Robert Kaplan）和大卫·诺顿（David Norton）结合组织内部的利益相关者理论，创立了"平衡记分卡"（balanced scorecard）理论。[2]借用二位的理论成果，我们想要提出一点建议，那就是领导者的结果应当在四个利益相关方之间做好平衡：员工、组织、顾客及投资者，仅仅在一个方面表现突出的领导者，不是有效的领导者。员工的敬业精神和高超的技能会呈现出好的员工结果，但如果这些努力无法满足顾客需求，再出色的员工结果也是徒劳的。如果出现这种情况，领导者的平衡工作就没有做到位。此时，摆在领导者面前的困难便是如何在四个利益相关方之间做到平衡并保持结果，这是非常富有挑战的。有时，领导者出于对结果的考虑会有意地强调四方中的某一方，但是决不能长期忽略任何一个方面。

图 2-1 给出了平衡的预期结果的结构，领导者需要平衡以下四个象限中的结果。比方说，假如领导者必须把 100 点注意力和精力分配给四种结果，每种结果分得的点数都不能多于 60 点或少于 10 点。领导者需要明确各项指标在四种结果中所分配的比重，并弄清达到每种结果的必需流程。表 2-2 可以告诉我们如何做出以上规划。假设共有 100 点，领导者需要考虑四种结果各需投入多少精力、占多少比重，并通过以下数据分配方法展示：（1）将 100 点分配给四种结果（每种结果所得点数不得超过 60 点或少于 10 点）；（2）明确当下为实现各个目标所要实施的办法。表格完成后，就为我们提供了一个底线或基准，以此可以评估

取得预期结果的程度。

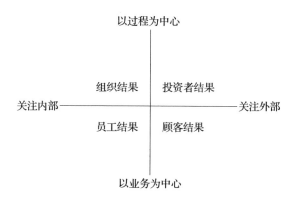

图 2 – 1　平衡结果的模型

表 2 – 2　平衡的标准：我的结果在四个象限间的平衡程度如何呢？

结果	投入精力的程度 （在四种结果中分配 100 点*）	目前采取的措施
员工		
组织		
顾客		
投资者		
	共计 100	

* 最高 60 点；最低 10 点。

　　同样以巴兹为例，如果他从平衡上述四种结果入手，在提升领导力的过程中或许能有所收获。首先，他要清楚自己所领导的班次要在每种结果上分配多少精力。以往的经验可以作为参考，以此把 100 点分配到四种结果上。其次，他可以分辨出什么样的行动有利于达成预期结果。目标分析得越明白，他的能力就越能与预期结果挂钩。

　　组织会为领导者平衡结果的过程指引方向。例如，麦肯锡公司就引导新入职的顾问将最多的注意力放在顾客身上，其次是员工，最后才是投资者。因此，麦肯锡公司的职业操守中要求员工能够长时间奔波和频繁出差，就是为了确保顾客能享受到高质量的服务。顾客满意是成功的根本，麦肯锡公司成功的领导者都将 100 点中的大部分投入顾客结果上，比员工结果、投资者结果和组织结果都要多出很多。然而，假如麦肯锡公司未能吸收并保有一定数量的优秀员工（员工结果），或其合作伙伴每年没有筹得丰厚的资金（投资者结果），抑或是麦肯锡公司自身没有顺势而变、发展进步、促成合作（组织结果），那么公司内部的领导层就要承担相应的责任，因为其未完成平衡四方面结果的任务。

亚瑟·马丁内斯（Arthur Martinez）是西尔斯公司的 CEO，他则偏好另外一种平衡模式。他最重视员工结果，其次关注顾客结果，再次关注投资者结果。[3] 这种观点并非出于利他主义。西尔斯公司的研究证明，从员工满意度到客户满意度，再到投资者结果，三者是线性相关的。西尔斯公司的领导者知道，使员工踏实工作的关键在于提高员工的满意度，因为他们发现员工满意度高的背后相对应的是满意的老主顾，而老主顾则是利润产生的源头。因此，与其零售业中的竞争对手不同，西尔斯公司选择把更多精力放在关注员工结果上，同时，正如其统计数据显示，它并没有忽略顾客结果和投资者结果。[4] 回看表 2－2 中的数据，你会发现西尔斯公司高效的领导者把更多的点数和精力分配给员工结果，而不是顾客结果、组织结果或投资者结果。

阿尔·邓拉普（Al Dunlap）曾是尚杉（Sunbeam）的 CEO，他把投资者结果放在第一位。按照我们衡量有效领导力的标准，邓拉普本应在各个关键结果之间保持更好的平衡，将不超过 60% 的精力分配在投资者结果方面。然而，他却把过多的精力放在投资者结果上使他具有带领公司峰回路转的能力，但却未能创造出令人满意的结果。事实上，这种短期的、逆转大势的结果并不持久。如果邓拉普能够持续不断地平衡四个方面的结果，那么他的领导可能会更具有效力。

以上这些例子都说明了平衡并不意味着均等。想要在四个方面的结果上做到完全均等并非明智之举，而且似乎无论在什么情况下都是难以实现的。没有哪个组织存在于真空当中，市场动态、劳动力走势、宏观经济因素、不可预测的危机——所有这些都是领导者无法控制的，但这些因素却直接影响着组织获得员工、组织、顾客和投资者结果的能力。有见识的领导者知道，保持结果平衡就需要把各种结果当作杂技演员手中的球，不断地在手中接抛却不能使任何一个落地，因此，平衡的目标就是四种结果都要考虑到，不能偏废其一。只关注内部因素，即员工结果和组织结果，公司或许会忽视顾客和投资者方面迫切需要解决的问题；过于关注外部因素，即投资者结果和顾客结果，员工或许会因此感到不被重视，会削弱组织的整体能力。

下面以宝洁公司的例子加以说明。在20世纪70年代和80年代，宝洁公司是采用社会技术系统（Socio－Technical Systems，STS）方法创造工作环境方面的先驱。由于率先采用了STS来整合社会系统（人和文化）与技术系统（生产设备规划等），宝洁公司在新建工厂初期获得了惊人的结果，包括更好的质量、更低的成本和更高的工作满意度。

此后，工程师们把20世纪70年代中期发生的一系列事件当作经验来学习。早先，一家工厂采用了新方法，而新工厂的元老级工程师们过于关注STS系统中社会系统的方面，几乎把所有的精力都放在处理内部事务上。在这样的思想指引下，工厂允许工人们组建自我管理小组并发展各组的内部文化。期间，经济效益和顾客结果遭到忽略，无人问津。不久，宝洁公司的员工都把这家工厂称为"乡村俱乐部"。员工自我价值得到了实现，工厂却忽视了对经济效益的追求。最终的结果是，公司高层主管介入，叫停了这种模式，员工士气一落千丈。有些员工反映：与其启动后又终止 STS 项目，倒不如从最初就别开始。此后，这间工厂耗费好几年的时间才扭转了低迷状态，走上了正轨。宝洁公司吸取自身经验教训，利用这一技术在 20 世纪八九十年代建立了一批效益很好的工厂。

　　一味地追求均等只会打破平衡，同理，一名领导者试图统领整个组织的大局，结果也会与追求平衡背道而驰。一个人在四个方面的结果上具有同样的技能或兴趣是不太可能的，就好比一个金融天才在处理人际关系时也许会感到头疼，一个关注顾客体验的营销奇才在创造长效的组织结果方面或许会一窍不通。因此，领导者必须清楚自己的长项、短板和兴趣，并能组建团队，使其涵盖取得四个方面结果的能力。只有领导班子中所有领导者共同努力，才能确保组织在四个方面的结果达到平衡状态。

　　能产生结果的领导者需保持四方面结果的平衡，争取达到动态平衡。对一个组织而言，给予某方面结果更多的关注并不是坏事，需要担心的情况是该组织无法应对或消除在一个甚至几个方面体现出的不足。

预期结果的设想是有策略的

　　领导者必须明确四类结果中的哪一类最需要关注，以及哪一类只需投入极少精力。预期结果必须有策略，还必须和组织的目标保持一致。如果结果最终代表的是成绩，那么策略界定的就是竞技场的范围。策略为预期结果设定了范围。以结果为导向的有效领导者会为员工创造便捷的条件，使其为预期结果做出贡献——这也是大多数员工的工作目的。员工只有了解其所在组织的发展方向、组织如何脱颖而出、顾客为何偏好本组织而非竞争对手的产品和服务，以及个人的工作应如何与整体相协调等，才能知晓组织需要怎样的结果并向着目标努力。

只可惜，能明确而直白地为员工展示组织发展方向的领导者少之又少，这一情况并不只存在于 CEO 阶层。试想，当你步入一家快餐店时，你有没有感受到这家店的当班主管是否已经把"顾客为什么来我们店消费"的观念灌输到最基层员工的头脑当中了？如果不清楚一个组织的发展策略和方向，领导者和员工都无法合理平衡四个方面的结果。

只有一个组织中的绝大多数人都认同集体的发展方向并为之投入时间、精力和金钱时，这个组织才能产生合理的结果。集体目标若不明确，组织的领导层可能会抵消员工做出的努力。每位领导者都想要更多地关注各个备选项，尽力在各方面做到最好，但结果往往会事与愿违。

关于这一点，强生公司（Johnson & Johnson）在明确目标上的出色表现能够清楚地说明问题。强生公司有一套千锤百炼、广受认可的商业策略体系，因此即使其目标客户仅仅包括"医生、护士、病人和母亲"，其产品种类也非常丰富。几年前，强生公司出产的一款润肤露，它恰好也可以当作驱蚊液来使用。开发出这种新型而且具有获利潜力的产品，但强生公司却面临着一个两难的选择：这种驱蚊型润肤露是否适合于他们的目标客户群？尽管医生、护士、病人和母亲同样会受益于有驱蚊功能的润肤露，但强生公司还是认为这款产品会分散对其核心产品研发的注意力。同时，公司领导层还意识到，如果鼓励这项"延伸类产品"的开发，就会为其他"非核心"产品开发时转移公司的资源和精力大开绿灯。

因此，强生公司并未独自开发这一润肤露品牌，而是与另一家公司分享经营权，共推产品。强生公司的领导者有着清晰而不动摇的商业策略，因而使得公司既能从研发过程中获得收益，又能在最大程度上争取顾客、员工和组织方面的结果。

这一事例说明，关注结果的领导者保持明确策略所实现的最大成就是——集中注意力。这个世界充满各种干扰因素。由于委员会、预算计划、董事会和工会等事务都要挤占领导者宝贵的时间和精力，组织要时刻保持警惕，不能因获取最易得到的结果而止步，不去争取更加难以获得的预期（策略性）结果。易得结果常与这样的说法相联系——"唾手可得的果实""上天的馈赠""一举成功的项目"——这些都说明了易得结果之所以诱人，是因为看起来就像是"不劳而获"的。有意义的结果一定是来之不易的。因而想要获得有意义的结果，前提是激情饱满的投入和对所选发展方向的坚持。

想知道你的团队是否有清晰的策略，可以通过回答表 2－3 中的问题来评估。表中措辞可能比较尖锐——虽然看起来像玩笑话，但是这些问题都是经过深思熟虑且有理有据的。然而，如果你对其中两项以上的陈述表示赞同（或者得分高于 40 分），那么你作为领导者的首要任务恐怕是要认真地花些时间来明确组织的发展策略。

只要你的组织并非极具特殊性，你在策略清晰度测试中得分应该很高——高于你所预想的程度。为使策略更明晰并获取预期的结果，你需要清楚地回答以下两个基本问题：

- 你所经营的业务本质是什么？这个问题的答案就是业务焦点（business focus）。
- 顾客为何选择你们的商品而非其他竞争对手的？这个问题的答案构成了你所在组织的价值主张（value proposition）。

通过回答以上两个问题，领导者能让策略更加明晰，这有助于更加深刻地理解组织的预期结果。

表 2 – 3 策略清晰度测试

目前的策略	分数 (1 = 很少，5 = 有时，10 = 经常)
1. 对于组织的发展方向，有不同的、相持不下的看法	
2. 在商讨策略的会议上，我听到很多避重就轻的说法，如"做到最好""花费最低的成本、创造最高水平的服务和质量"	
3. 组织的领导者们想有多个"世界级"业务，他们认为如果事事做到最好，那么公司总体业绩也是最棒的（这也是通常所说的"超越一切"策略）	
4. 我们的组织奉行的是"预算平均主义"，将时间、金钱和其他资源在各项目、各分支机构和各部门之间平均分配	
5. 我们的策略主要是用金融术语来表示的：净收益、投资回报率、股价等	
6. 当问到这个问题时——组织在今后五年需要切实做出哪些努力？——大多数员工的回答是"我不知道"，或者不同组别的员工有不同的见解	
7. 我们的发展策略被记录在一个厚活页夹中，但它具体在哪儿没人清楚	
8. 管理部门可以随时改变发展策略。我们已经尝试过业务流程重组、全面质量管理、有原则的领导力和高执行力团队等；今年我们在制定"策略"	
9. 在高管层制定了新策略之后，首先报批，然后用精美的纸印刷，装裱加框，最后悬挂在每间会议室的墙壁上，否则就会在很大程度上被忽略	
10. 我们倾向于按照行业领导者所制定的策略行事	
总分：	

公司业务焦点

你或许会很诧异，竟有许多领导者无法回答这样一个简单的问题：公司的主营业务是什么？领导者可能会按行业领域划分来说：我们搞化工产品相关的业务。他们也会给出更为具体的说明：我们生产并销售真空吸尘器。但是，以上回答都没能体现出对经营的产业及其核心生存能力的洞悉和掌握。业务焦点能够反映一个组织的基本运行靠的是什么。同时，正如古希腊哲学家恩培多克勒（Empedocles）对世界本源是土、空气、水、火的描述，商业也可以依据业务焦点的不同划分为几种基本形式，即分别以产品、顾客、技术、生产能力或分销为重心。[5]

以产品为业务焦点的组织致力于打造一种或者一系列产品，并尽可能为其产品去开发顾客市场。在上述五类基本业务形式中，这类形式是最容易理解的。设计一种产品，制造后进行销售。以产品为业务焦点的工作流程看起来很简单，在很多行业也很适用，例如，福特卡车创造出美国最畅销的车型 F-150 轻型货车。福特卡车之所以成功是因为其有明确的业务焦点。短时期内，福特公司不会转而开发跑车、旅行拖车或者假蝇钓鱼（fly-fising）器具之类的产品，而是继续做已经做得非常成功的事情：想方设法将其唯一的产品销售给更多的顾客。

有些公司以产品为业务焦点，但其产品的独特之处或许并不十分明显。我们熟知的哈雷戴维森（Harley-Davidson）公司正是如此。其业务经营以产品为重心，但产品并不完全是摩托车。公司内部人士称："我们卖的是一种理念，是让 43 岁、身着黑色皮衣的会计师骑着哈雷摩托车穿过村镇的时候，让人们产生敬畏之感。"这听起来也许有些夸张，但这样的执念和幽默并未偏离产品的主题。因而，展现"叛逆的生活方式"始终是哈雷戴维森所售产品的特色，摩托车只是其产品系列中的一部分，该系列产品还包括服装、公路拉力赛、配饰，以及（最重要的）哈雷所体现的神秘气质。

以顾客为业务焦点的企业能够准确把握一类特定顾客的需求，并通过各种各样的产品和服务来满足这些需求。前文提到的强生公司就是典型代表之一。许多成功企业都纷纷效仿此法，尽管有些公司起初觉得这样很令人意外，甚至违反常理。以耐克（Nike）为例，它很容易被认为是以产品为业务焦点的。那么，耐克是否始终在为其单一的产品和运动鞋争取更多的顾客呢？其实不然。耐克公司有特定的目标客户群：成绩优异的运动员。它积极地推出产品（外衣、运动装、背包、比赛设备等）来满足这些运动员顾客（或者想成为此类运动员的人）的需求（同时去吹捧这些运动天才）。因为产品不是耐克的重心，除了生产其专有配件（如气垫等）外，耐克旗下不仅没有、也不经营任何生产厂。耐克在亚洲的战略伙伴承担了其99%的生产制造，这是因为自营工厂只会降低耐克的核心工作效率。

以技术为业务焦点的企业实际上是控制了某种独特且有价值的概念或工序。这类企业的目标是发掘尽可能多的能够应用其技术的产品，并为这些产品争取更多的顾客。3M公司就是一家以技术为业务重心的企业，掌握着涂层和粘接的特殊工艺技术。依靠这门技术，3M公司为有各种各样要求的顾客提供种类繁多的产品：粘胶带、便利贴、思高洁织物保护涂料（scotchguard fabric protector）、砂纸、密封条、外科胶布、暖炉过滤器等——我们从中能够体会一二什么是以技术为焦点的企业。

以生产能力为业务焦点的企业则在现有条件的基础上满功率运转。航空业就是一个典型的例子。美国达美（Delta）航空公司的飞机由芝加哥飞往纽约时，无论机上有多少乘客，许多项目的成本都是固定的。不论机上乘客是 14 人、40 人还是 140 人，机组人员——驾驶员、副驾驶员、乘务人员也是固定的，就连每次航行所需的燃料都相差无几。因此，对达美航空公司而言，对每一次耗费既定的航班，他们都需要努力提高上座率，以把这些成本分摊给乘客。酒店、造纸厂、钢铁厂等类似企业都是以生产能力为业务焦点的。

最后一种策略是以分销为业务焦点。这类企业集中精力经营的核心在于建立大量的营销渠道。利用这些营销渠道，它们力求把与其分销系统相适应的产品和服务销售出去。许多多层营销的公司是以分销为重心的。如新（Nu Skin）护肤公司通过招募分销商来推销其保健和皮肤护理产品而成了一家资产超过 10 亿美元的公司。如新领导层会给发展新下线的经销商丰厚的回报，因为新的下线会继续推进公司产品的销售。

客户价值主张

业务焦点引导一个企业关注其内部构造，能帮助领导者明确应从何处着手打造组织能力。然而，建立组织能力不应该是最终目的。通过跑步、举重和保持良好的饮食习惯来保持体形没错，但最重要的是我们能用这来之不易的体力去享受生活。

价值主张则将企业的关注点引向外部。五种有潜力的价值主张分别是低成本、质量、速度、服务和创新。每个企业都应五项皆具，但应专注其一，其余要素只需达到业内平均水平即可。关键价值主张一定要足够强有力，并在目标客户的眼中独树一帜。消费者之所以购买一个公司而非其竞争对手的产品或者服务，就是因为他们更喜欢该公司的价值主张。

主张低成本观念的公司给顾客的承诺通常是最低的价格。冠军国际（Champion International）是一家纸业公司，低成本的价值主张使其脱颖而出。但冠军国际并没有用劣质产品或服务得过且过，相反，它提供了与业内其他公司同样优质的产品和服务。客户选择冠军国际的产品是因为他们认为自己能获得与其他公司不差上下的产品质量和服务，还能节约开支。

万宝龙（Mont Blanc）公司制造书写工具，并始终以质量为其核心价值主张。万宝龙的钢笔和铅笔的价格高达 75 美元以上。消费者之所以愿意出高价买万宝龙，是因为其外观、质感和功能都十分考究。

速度是第三种价值主张。以速度为重心的企业与其竞争对手相比，会用更快的速度将产品送到客户手中。联邦快递（Federal Express）就是以速度进行竞争的典型企业，它承诺其信件和包裹的运送速度比同行业公司都要快。

关注服务为卡特彼勒（Caterpillar）这样的农业机械制造商带来了竞争实力。公司的信条强调了其价值主张："在全球范围提供 24 小时配件服务。"以服务为重心的公司提供的灵活性服务是顾客所看重的。

重在创新的公司向顾客提供其竞争对手没有的尖端产品。例如，惠普公司的创新定位凸显了其打印机业务。公司不遗余力地保持行业领先地位，甚至不惜重组现有产品，就是为了吸引并维护惠普激光打印机和其他产品的顾客。

明确业务焦点和价值主张能帮助领导者决策并分清工作主次，这也有利于后期预期结果的实现。成功的领导者还会将其策略规划与其他利益相关者分享。

表 2-4 和表 2-5 显示的是使得策略明晰，并利用这种明晰取得平

衡结果的方法。根据以下步骤填写表 2 - 4，我们就能够评估现有的策略标准。

表 2 - 4　以结果为导向的战略评价标准

业务焦点

		产品	客户	技术	生产能力	分销	合计
		+	+	+	+	+	= 100
价值主张	低成本						
	质量						
	速度						
	服务						
	创新						
	合计	= 100					
基本策略（业务焦点与价值主张的结合）：							

表 2 - 5　策略及平衡的结果

	基本策略（业务焦点 + 竞争者的业务焦点）	
结果	已知策略，需要的关注程度 （将 100 分分配到四个结果维度）	所需的行动
员工		
组织		
顾客		
投资者		
	总计 100	

第 1 步：给横排的五种业务焦点分配 100 分。这一步可以由领导者单独完成，也可以由负责定义组织业务焦点的团队来完成。关键是要确定哪一项是驱动公司发展的业务，需要倾注精力，所以五项中有一项得分必须在 60 分以上。

第 2 步：给纵列的五种价值主张分配 100 分。同样，这一步仍然可以由领导者单独完成，也可以由负责决定公司关键竞争能力的团队来完成。需要提醒的是，要界定公司最根本的价值主张，因此，五项中有一项得分必须在 60 分以上。

第 3 步：找出业务焦点和价值主张得分都最高的那一格。这一点代表着公司战略的重心，它不仅界定了公司内部需要着力塑造的地方——业务焦点，还界定了公司面向客户提供的独有的产品和服务——价值主张。

第 4 步：根据表 2 – 5 揭示和强调的核心业务焦点和价值主张，可以了解如何获得团队的预期结果。

根据既定的基本策略和每种结果应该得到的关注程度，把 100 分分配到员工、组织、顾客和投资者四种结果上。没有一种结果的得分应超过 60 分或者低于 10 分。这项分配工作可以由领导者单独完成，也可由团队共同完成，但是通常团队合作所做的评估能够更深刻和敏锐地把握重点。你会发现将表 2 – 5 中各项的得分与表 2 – 2 中各项的分数进行比较，是很有价值的。表 2 – 2 是在没有考虑策略的情况下，对当前结果平衡状况做出的估计。分配完分数之后，最后一步就是思考你能采取什么措施来确保团队获得每一种结果。第三章到第六章提供了很多改善员工、组织、顾客及投资者四方面结果的方法，但是以上表格能够反映出你在解决预期结果相关问题时本能或自动的反应。

前文中提到了巴兹的案例，现在看来巴兹可以通过确定团队的业务焦点和有竞争力的价值主张来明确发展策略。表格反映的是某一产业要想获得成功所必须达成的目标。那么，巴兹可以根据表 2 – 5，进一步明确四种结果的相对重要性，并采取措施实现目标。

预期结果是能持久的

西方企业常因其过于关注短期利益而受到批评。[6]一定程度上这种批评是有根据的，因为这类企业关注短期问题，比如，有的公司更重视提高公司股价而不考虑公司的长远发展。因此，能否在不损害或者不妨碍长期利益结果的前提下平衡短期利益结果是评判领导者成功与否的标准之一。

凯文·霍尔（Kevin Hall）是萨维奇工业（Savage Industries）公司的领导者，该公司主营物料管理和运输系统。他在与一位重要客户重新商谈价值数百万美元的合同时，陷入了两难的困境：虽然对于萨维奇工业公司遵照先前的合同所做的工作感到满意，但该客户还是找了另外几家也有竞争力的公司进行投标，"只是希望确保整个流程真实可靠"。霍尔担心竞争对手会出价更低，因而在做与不做这笔生意的问题上犹豫不决：直接放弃这笔生意，会抬高其他部门的营业间接成本；但要揽下这笔生意，即便没有利润也能在短期内增加公司总体利益结果。这便是典型的在短期利益结果与长期利益结果之间难以选择的情况。

由于霍尔刚来公司不久，于是他向包括总裁艾伦·亚历山大（Alan Alexander）在内的几位公司成员征求意见。亚历山大说决定权在霍尔手上，但他的建议是长期和短期利益都要顾及。对霍尔来说，问题的答案一下子明晰了。与竞争对手竞标出低价会影响"萨维奇系统"的长期利益。客户方面不断施压，要求降低标价，声称如果霍尔的报价与低价竞争者相仿，这单生意就给他。但是，这样的投标价格使得萨维奇工业公司无法提供"无忧服务"（worry-free service），而这正是萨维奇工业公司的与众不同之处。霍尔不愿拿公司的声誉冒险，最终该客户把生意给了萨维奇的竞争对手。

接下来的事情显示出了萨维奇工业公司作为一个公司的整体性。亚历山大与同事们对霍尔的决定表示支持。这个看上去令人两难的问题，成了萨维奇工业公司有效领导力的试金石。这次事件后，领导者和员工都了解、接受并依据这次经验来行动："我们在投标中不仅是在拼价格，我们的客户必须看重我们的服务，即使价格稍高也心甘情愿。如果不是这样，他们也不会成为我们的客户。那些因一念之差选择我们的竞争者的客户会在短时间内回流，重新与我们合作，并且给出不菲的价格，表示认可我们为值得信赖的供应商。当今世界迫使我们为短期利益而动，但我们不变的目标是稳扎稳打地做好每一天的决策，为的是打造长期获利的能力。"

但紧急情况下，如何平衡短期和长期利益就变得非常棘手。下面两个众所周知的事件，说明了在处理类似紧急情况时，应对方法不同，结果也截然不同。一个是埃克森石油公司（Exxon）的"瓦尔迪兹"（Valdez）号油轮泄漏事件，另一个则是强生公司的泰诺（Tylenol）投毒事件。

埃克森石油公司对"瓦尔迪兹"号油轮泄漏事件的处理态度给公众留下了对环境不负责的印象。事实上所有的埃克森石油公司的"内部人士"都知道事实不是这样的。即便公众的看法有些偏颇，但是埃克森石油公司还是没能避免或者改变这种看法，而对其"负责任"的公司形象造成了长期的损害。相比之下，强生公司就泰诺投毒事件做的回应则收到了相反的效果。强生公司对紧急情况做出了迅速而坦诚的回应，使公众对强生的印象有所改观，从而维护了公司声誉，为其长远利益奠定了基础。

埃克森石油公司"瓦尔迪兹"号装载的原油在荒无人烟的海上泄漏，面对公众时公司领导者却在打太极。高管们开会讨论处理方案并明确责任和责任方，他们确实想给出合理的解决方案，但埃克森石油公司似乎总是有些"羞对媒体"，避免将其失误公之于众，眼下的紧急事件也未能改变公司的这种态度。埃克森石油公司未能迅速采取行动而控制局面，员工、顾客和投资者在感到诧异的同时也十分失望。最终，埃克森石油公司正确地处理了此事。成千上万的员工不辞辛苦地来到污染地区，投入大量时间进行善后工作。结果是埃克森石油公司不仅花费了数十亿美元来纠正错误，尽管局面最终也得到了控制，然而因其在追求短期利益的过程中反应不及时，还付出了损失长远声誉的代价。

相比之下，强生公司处理泰诺投毒事件的方法截然不同，并且十分奏效。收到第一批中毒报告后，公司高层立即找到媒体将此事公布，承认在产品保管安全方面的失误，并且说明了公司今后消除隐患的措施。强生公司召回了价值数百万美元的产品，全部替换为防拆封包装的新产品。强生公司在如此短时间内做出的有效反应，在公众面前树立了更高的诚信度。泰诺投毒事件使人们相信：从长远看来，强生公司值得信赖。

关于短期和长期价值观念的平衡，谈之容易，做到却实属不易。以下的各种方法——明确目标、满意策略、相互关联、与价值主张相联系、接受变化、沟通交流——都将有助于领导者保持这样的平衡并建立标准。

明确目标

如果领导者不理解或者说不清短期或长期利益结果是什么，二者的平衡就无从谈起。作为领导者，首先要明确的是每项预期结果应受到短期还是长期的重视。表 2-6 为利益相关者列出了短期和长期的预期结果。通过对结果进行明确，领导者就能了解需要做出怎样的权衡才能使结果持久。

表 2-6　时间层次和均衡的结果

结果	时间层次	
	短期	长期
员工		
组织		
顾客		
投资者		

满意策略

赫伯特·西蒙（Herbert Simon）是一位教授，专攻管理与决策，曾因提出"满意策略"的概念获得了诺贝尔经济学奖。[7] 这一概念的实质是：多数情况下在面对决策或选择时，我们不能或不应该追求最佳方案，而应考虑那些刚刚能达到接受底线的方案。不是所有值得做好的事情都应该做到最好。满意策略的主旨在于，即使一些结果比其他结果更重要，在某些情况下，达到最低标准也就足够了。

在权衡短期和长期目标的过程中，某些结果看起来比其他结果重要得多。有时，相对不重要的结果只需满足最低标准即可，其他重要结果则需要满足最高标准。萨维奇工业公司的霍尔认识到，不给出便宜的投标价格，虽然有流失客户的风险，还会影响公司的短期利益，但其影响处于可接受的最低水平上（短期内可同时满足客户和短期利益），同时还能保持公司在产品服务方面长期的地位和声誉。领导者总是在不断权衡短期和长期利益，因此要分辨出哪些结果达到最低标准就足够了，同时对其他结果进行优化，使得结果更加持久。

相互关联

各项预期结果彼此之间有着相互联系。例如，西尔斯公司发现短期内高涨的员工士气会带来长久忠诚的客户。基于这一发现，公司投入大量精力调动员工积极性，鼓励员工承担相应的责任。西尔斯公司所有的员工都受过基本经济理论培训，从而懂得公司是如何盈利的。在员工大会上，大家分享经验，共同为改进工作献计献策。西尔斯公司还为员工培训进行了投资，通过培训，公司的一线主管变得能够更有效地领导不同的员工。这些创举极大地鼓舞了短期内的员工士气，使公司在提升客户满意程度方面获得了长期利益。

一个方面的结果与另一个方面的结果之间是有联系的，认识到这一点并能加强这种联系的领导者，在短期内可以先把精力集中在一个方面的结果上，因为长期的结果指日可待。

与价值主张相联系

如果必须在短期结果与长期结果中做出选择，有一整套清晰的价值主张的领导者更容易做出选择。吉姆·柯林斯（Jim Collins）和杰里·波拉斯（Jerry Porras）是斯坦福大学商学院的教授，他们的研究发现：一套强有力的价值主张能够帮助公司起死回生。深谙公司和个人价值主张的领导者会创造出持久的结果。在泰诺投毒事件中，强生公司为实现其至高无上的追求、保证生产的药物安全无害，决策者宁愿承担短期内投资者结果减少的风险。相比之下，缺乏明确的价值定位的领导者总是在不停地变换目标，不能从一而终。尽管具体的行动可能会有所变化，明确的价值主张能使整体方向和业务重点清楚明确。以下问题可检验当下的价值主张能否带来目标结果：在这种情况下，该做的事情是什么？领导者为这个问题找到了清晰的答案后，就会创造持久的结果了。

接受变化

经营活动是动态的，不断发生着变化，预期结果也同样如此。菲尔普斯·道奇（Phelps Dodge）公司是世界上最大的铜矿开采公司之一。十年来，稳定的合同价使得菲尔普斯·道奇公司的 CEO 能够进行长期决策。然而，在新铜矿被开采出来不到三个月的时间里，市场需求下降，铜价也因此跌到了原来的一半。铜价下跌意味着菲尔普斯·道奇公司的决策者不得不转变公司业务重点。因此，必须重新制定投资战略，用比原计划慢的速度运营新业务，减少运营成本，还要调整投资者的期望。菲尔普斯·道奇公司与竞争者不同，不仅没有裁员，还继续在员工身上投资，从而实现了良好的财务业绩和经营效益。他们的口号是"做创造价值的先锋"，并对每一名员工和每一个团队提出了要求，希望他们能够挑战经营困境、创造价值。公司在员工身上的短期投资，为公司各利益相关者都带来了持久的结果。

沟通交流

管理短期和长期结果的领导者要有与人沟通交流的习惯。领导者需要就事情的权衡取舍、轻重缓急、价值主张、各方联系等方面进行有效的交流，需要向员工表明为平衡短期和长期结果需要进行的取舍。他们需要讨论事情的轻重缓急，在最优结果和低标准结果之间进行权衡。同时需要明确价值主张，以便员工在做出艰难的抉择时参照最根本的价值主张。领导者还需让员工明白，以某种结果为重心的选择是如何与其他结果相联系的。他们需要懂得在收获持久的结果的过程中，努力的同时也会遇到动态多变的情况。

一位主管与我们分享称，他认为关于短期与长期结果的争论本身就是错误的。对他来说，为了保证各利益相关者的利益实现，短期结果和长期结果都必须得到实现，单单强调一个方面而忽视另外一个恰恰掩盖了同时实现二者的难度和必要性。

预期结果是无关私利的

真正的领导力并不意味着与人共事之后过河拆桥，而是获得有利于整个组织的结果，并在实现预期结果的过程中提升能力。真正的领导力包括与他人通力合作，不论是与领导还是下属一起，都应权衡利弊，做出有利于整个组织发展的决策。领导力无关个人得失，其最终目的只有一个：那就是合理用权，使组织的整体力量大于部分之和。

合理用权

所谓领导者，顾名思义，他拥有比其他人更多的权力和影响力，而通常这种权力往往是为个人私利造福，并没有为组织大局做出多少贡献。在创造性领导力研究中心（the Centre for Creative Leadership，CCL）的摩根·麦考尔（Morgan McCall）和迈克尔·隆巴多（Michael Lombardo）通过对"脱轨现象"的研究，发现了导致管理失误和滥用个人权力的四大原因，其中包括辜负别人的信任和野心的膨胀（举例来说，表现为频繁地考虑下一份工作、搞阴谋诡计）。[8] 在后续的研究中，摩根·麦考尔通过事实论证了，成功的领导者运用权力为他人和组织带来的利益，远远高于为他们自己所谋的福利。[9]

有些领导者在为个人事宜即个人事业、日常安排、权力范围等费时费力的时候，他们觉得自己的权力与日俱增，但其实其地位岌岌可危。提高领导者的影响力和权力，就要保证制度至上，并确保每个参与者都遵守同样的游戏规则。制止滥用权力的领导者打消了员工的疑虑，使其能够信赖组织——只有这样，领导者才能真正获得权力。吉恩·道尔顿（Gene Dalton）和保罗·汤普森（Paul Thompson）分享的一个事例令人信服，正阐释了这一道理。

克里·詹森（Kerry Jensen）是一家电子公司的销售主管，他被调任接管了该公司南方销售分公司的管理工作。到这个分公司不久后，他听闻传言说两个主要销售地区的主管故意不上报退回的设备，从而夸大了销售业绩，为其领导赢得了额外分红和奖金。詹森用了一年的时间才坐稳了这个新位置，期间需要了解同事，并收集了上述两个销售地区的业绩数据。在完全确信这两个地区的违规行为是有意为之、仍在持续且属于欺诈行为后，他适时采取了行动。他找到这两个地区的主管，告诉他们自己已掌握了事实证据。他直言不讳地告诉对方，尽管解雇公司员工很困难，但是如果他们二位不主动辞职，他会用尽一切努力去炒他们鱿鱼。最终这两位主管都在一个月内辞职了。

詹森的作为很快在南部分公司里传开了。许多主管和销售人员都说，大家对那种不正当行为有所耳闻，这次终于得到处理，真是大快人心。詹森的威信提高了，原本销售业绩就名列前茅的南部销售分公司也一跃成为全国销售和服务行业的第一。[10]

使整体大于部分之和

在美国国家航空航天局（NASA）过去的一个训练项目中，需要参与者列出一个在月球上搁浅时所需物品的清单。每个人先独立进行排序，然后小组讨论排序。通过比较会发现，在大多数情况下，小组讨论排序要比个人独立完成的排序更加接近由宇航员组成的专家组所做的排序。这个练习解释了协作原则，即整体价值大于部分价值之和。这一原则表明团队协作比个人努力更行之有效；[11]同理，作为整体，一个组织应当创造出比其组成部分更多的价值。[12]

这种协同作用同样适用于领导力。从长远来看，为追求个人利益而不顾同事和组织结果的领导者终将会失败，因为这样的领导者只着眼于自己这一部分而忽略了整体。举例来说，一个公司打算裁员，在决定各职能部门裁员人数的会议上，人力资源总监提出了一个不寻常且大胆的构想。她说自己的部门应当多分担一部分裁员方面的压力，因为这是有利于公司业务发展的。在传统的公司政治中，乍看之下，这种行为似乎是幼稚的，但是进一步考虑，这也是相当明智的——而且对公司而言也是正确的选择。短期来看这对公司有益，因为营销部门和技术部门在新的艰难环境中需要被分配更多的资源和注意力。长远来看，这位人力资源总监获得了巨大的威信，因为她做出了对企业有益的决定。

能够获得预期结果的领导者在工作时是忘我的。组织赋予人们领导者的角色和职责，领导者通过合理行事，提升了自己的信任度和信心，也获得了相应的地位。人们必须相信所在组织是公正的。只有当好的业绩得到奖励和他人的信任且不容被侵犯时，这种信念才能真正地深入人心；同样，当领导者把自己部门的绩效与其他个人和组织整体的绩效看成一个整体的时候，这种信念也可以得到深化。在填写表 2 – 6 时，可以写下你个人的预期结果和组织整体的预期结果，然后仔细分析所列内容，确保个人的期望与组织的期望是相匹配的，至少是相互协调的。如果不是，就请重新审视一下你的领导方针。真正的领导者追求的是无关个人利益的结果。

结论和意义——给以结果为导向的领导者

结果很重要，预期结果更加重要。平衡的结果为预期结果的实现奠定了基础。为了实现平衡的预期结果，领导者需要充分理解策略并明确策略目标，充分理解持续性并为能够持久的结果而努力，充分理解协同作用并在追求预期结果的过程中公正无私。

注重结果的领导者想要达到有效的结果，必须满足以下四个标准：平衡性、策略性、持久性和无私性。达到这些标准后，预期结果就十分明确了，领导者也更值得信赖，而不仅仅是因其位高权重。下面四章将主要讨论获得四种结果需要怎样的努力。

本章开始部分提到的领导者巴兹，目前其能力或许已经转化为有收益的结果了。把平衡性、策略性、持久性和无私性这四个标准充分考虑后再回答"结果是什么"。这个问题终将带你实现预期结果。

第三章

员工结果：人力资本投资

第一章讲到了领导者需要具备的特性；第二章则说明了需要把这些特性转化为四种预期结果以及与结果紧密联系的利益相关者，即员工、组织、顾客、投资者。接下来的四章内容将从这四类利益相关者入手，探讨领导者界定、实现和保持预期结果的方法。本章首先讨论员工结果。

我们对员工结果的理解来自于一类新兴研究的成果，研究内容多被称作"智力资本"[1] "人力资本"[2] "知识管理"[3] 或"学习型组织"[4] 等。虽然这些概念有着细微的差异，但都围绕一个问题，那就是员工的重要性，员工是信息和知识的制造者和使用者，因为员工，组织才具有竞争力。当人力资本随时间而增长，不断满足公司的各种需要时，领导者就实现了员工结果。本书中所用的"人力资本"这个概念，总的来说是指智力资本或者员工个人的知识。

领导者如何才能使员工创造更多的结果呢？有句话说得好：公司是人的集合，每个工作日结束，人们走出公司大门之后，也就不称其为公司了。如今商业活动越来越以知识和服务为驱动，员工结果只会变得更加重要。好的员工结果与人力资本的建立过程是有联系的，领导者必须认识到并巩固这一联系。本章通过展现人力资本对领导力的重要性，将从两个方面定义人力资本，一是传统的经济学角度，二是现行的管理学角度。此外还将讨论如何增强员工能力，以及如何提高员工忠诚度。

何为人力资本，为何如此重要？

对经济学家来说，人力资本是由公司的市场价值（即公司在市场上的价值，由股票价格乘以净发行股票数量计算得出）除以其固定资产的重置价值所得出。[5]有的公司有形资产（如工厂、设备、库存等）较少，但其市值却远远高于其账面价值，例如微软公司目前的市场价值是其账面价值的九倍，这正体现了市场对于微软人力资本价值的评估。而其他拥有大量设施、资本设备和其他有形资产的公司，其重置价值可能与市场价值相近。在这种情况下，市场对该公司人力资本的估值是比较少的。

这种定义方法使不同公司之间价值的计算和比较变得相对容易。然而，这种方式却无法反映出公司领导者可以利用的人力资本。较高的市场价值来源于品牌的成功、占支配地位的市场份额、革新、独有的技术或其他因素，其中任一因素或以上全部因素均可创造出高额的市场价值。

人力资本还可以根据一个企业的员工头脑和心中所想来定义。从经济学角度来看，这种定义方法重视劳动者的知识、教育、经验和创造性。[6]这样的定义方法虽然可取，却难以精确地衡量员工的素质和贡献。

领导者若想使所在公司的人力资本实现最大的效益，就需要更清晰实用的人力资本定义。然而，在员工能做什么和愿意做什么之间是有差异的，能够认识到这一点十分重要。人力资本这个术语对某些分析家来说仅仅是指员工能为企业做什么，而从领导者的观点来看，更有用、更现实和更可取的定义是指对于人力资本的内在估值，其中包括员工意愿、责任心和能力等。

人们都知道人力资本的概念很重要，与很多方面相关，并且具有时代的独特性，但如果缺乏清晰、可接受的定义，会让人认为这个概念含糊不清、缺乏力度。本章给出了一个简单但是实用且易测量的定义：人力资本 = 员工能力 × 员工忠诚度。总体而言，在一个组织内，员工能力会随着经验的累积而增长，但从这个公式中可以看出，这并不能保证有高水平的人力资本。在高能力低忠诚度的单位中，员工有才能但是无所事事；在高忠诚度低能力的公司中，员工拼命工作但是能力有限。这两个极端的例子都有危害；创造人力资本既需要员工能力也需要员工忠诚度。

因此，我们可以在公司、部门和个人层面对人力资本进行测量和评估。例如，一家连锁餐厅可以利用员工平均技能水平乘以员工平均服务时长所得的指数，来衡量其下属各个餐厅的人力资本。所得的人力资本指数能在给定区间内有效地预测其他数据，如客户忠诚度、员工生产力和盈利能力。

人力资本是公司取得成功的要素之一，其重要性在日益增加，因此对于公司而言，了解如何提升人力资本也变得越来越关键。公司领导者如果想要提升员工结果，可以从提升员工能力和忠诚度两方面入手。

人力资本既是机遇，也是挑战。想要合理地利用它，需要记住以下原则和注意事项。

人力资本尚未被充分使用

我们曾在私底下跟高层主管们有过多次交谈，他们很清楚，利用现有员工的知识、创造力和经验，可以做出更多成绩。一位主管叹息道："我们只是不知道自己了解什么。"有个古老的真理，随着时间的推移越来越正确：知识型工作在增加，而非减少。詹姆斯·布莱恩·奎恩（James Brian Quinn）对智能企业做过深入研究，他发现，服务型经济的增长既直接体现在零售、投资、信息、食品等服务产业上，也间接体现在汽车、耐用品和器材等传统制造业上，在这些传统制造业中，服务变得越来越重要。[7]随着服务型经济的发展，人力资本的重要性也日益凸显。优秀的服务源于稳固的客户关系，这需要处理客户关系的员工具备能力和忠诚度。

人力资本是少数能够升值的资产之一

多数公司资产从获得之日起，就开始贬值（比如建筑、厂房或机器）。但是，人力资本作为员工身上的资产，只会因为公司的发展而增值。领导者要做的就是将员工的知识转化为生产力，将人力资本转化为客户价值。

人力资本能够被带走

拥有最多人力资本的员工实际上已经变成了"志愿者"。[8]因为他们有能力在许多公司找到工作机会，因而能选择到何处工作，能志愿去任何一家公司。当"志愿者"与一家公司有了感情时，他们会献出自己的忠诚。对他们而言，创造价值比得到经济回报更重要。"志愿者"员工的人力资本之所以越来越重要，是因为越来越多的员工可能会流向其他公司。领导者再也不能依靠权力来实现目标，他们必须寻求新方法来得到忠诚。

人力资本既未被正确管理，也未被充分管理

许多管理项目一直忽视人力资本的重要性，尤以过去十年期间为甚。在缩小规模、精简机构、重组企业的名义下，许多拥有大量组织经验的优秀员工被裁减掉了。这些行为之所以发生，大都是因为领导者没有或很少想过缺乏人力资本带来的长远影响。此外，缩小规模也与现代管理实践的要求一致，现代管理实践以提高全球竞争力、满足客户要求、减少管理重叠、提升员工职责、促进产量提高为特征。之后，不出所料，员工因工作经历产生沮丧和挫败感。过去十年的工资水平也因通货膨胀而下降。更糟糕的是，高级管理层对这些不以为意，因为高层主管的个人生活和工作质量已经普遍提高，从他们暴涨的薪酬就能看得出来。[9]

人力资本要求从不同角度思考职业发展

这种不同会极大地影响公司下一代领导者。在最近的一次研讨会上，来自一家优秀跨国公司的 60 位具有潜力的管理者，就职业发展展开了讨论。其中半数人（这些人大多是 30 多岁或刚到 40 岁）认为不会因为发展机会少而辞职，而会因为压力大、要求高而离开。实际上，90% 的人私下里都认识一些由于以上原因在就职六个月内就辞职的人。研讨会上的一位管理者次日向一位高管反映了这些问题，这位高管直白地说，本公司的工作就是份好工作，如果有人不想努力工作，那随时会有人来接替他，关于平衡工作和生活的讨论并不能带来商业利益。

人力资本与顾客对公司的印象相关

有些员工拥有与顾客最直接相关的人力资本，然而对于他们来说，

公司通常提供的培养与提升空间最少。大量研究表明，一线员工的服务态度与顾客对公司的态度息息相关。[10] 例如，顾客对麦当劳、西尔斯或福特汽车公司的印象来自他们在当地营业店或零售商得到的服务，与公司总部制定的公关战略无关。公司可能会投资百万美元培养高管，使高管拥有战略性思维、采取全球性行动，但是，在顾客购买食品、衣服和汽车时为他们提供服务的员工，却是真正影响顾客对公司印象的人。在很多公司，这些员工都是临时的，不对公司效忠，他们常常无法解决顾客的问题，不能满足顾客的要求，所以公司的整体形象受损。公司不着力培养这些员工，反而将高管、销售人员和专业人才作为培养的重点。

人力资本整合了其他所有因素

有了人力资本，公司在厂房、技术、新产品、物流和营销方面的投资才能发挥作用。这一点虽显而易见，但总是不被认可，它应该成为每个领导者的准则。

上述内容说明了一个很简单的结果：人力资本很重要。想要获得结果，领导者就必须在其工作范围内创造、增加并维持人力资本。可口可乐公司的董事长兼首席运营官道格拉斯·艾弗斯特（Douglas Iverster）曾说过："在我们这里，人就是我们的资产。"他一直致力于为可口可乐公司创造学习型文化。

人力资本就像是人的肌肉："要么使用，要么失去。"追求成功的公司，需要有领导者鼓励使用人力资本。人力资本一旦不能被合理或充分使用，就会枯竭。人们一旦赶不上职业领域中的变化，忠诚度就会下降。

不幸的是，对于无力创造人力资本的问题，目前大多数解决措施都被错误引导或者不够合理。由于所谓的"企业公民"（corporate citizenship）概念，许多高管现如今开始谈论工作和生活的平衡。这些人虽然出发点很好，但往往沦为自我感觉良好的活动和公共关系。这表明"做完所有正经事后，再来花时间解决这些员工关心的身份问题"大错特错。人力资本才是目前的正经事。

运用之前给人力资本下的定义：员工能力 × 员工忠诚度，我们可以将注意力转移到如何使领导者关注人力资本和如何增加人力资本方面。

什么是员工能力

员工能力代表每个员工在其职位上所需的知识、技巧、能力和动机。一方面，这意味着领导者应该关注员工是否具备完成工作所需的专业知识和技能。例如，就职于一家跨国公司中国区的市场营销管理者，自然会希望手下的员工了解与该市场相关的产品信息、商业惯例和客户关系。

另一方面，领导者也应该关注员工的社会知识，或者与人协作的能力，这是员工总体能力的一部分。与人协作对专业技能要求较少，更注重人际技能、完成工作的积极性，以及推动团队努力向前的影响、决策、协作和沟通方式。

简而言之，员工能力意味着，当员工同时拥有专业知识和社会知识时，他们更能胜任工作。领导者要做的就是清楚员工需要了解什么、做什么，然后想办法来保证员工做到该做的。

如何衡量员工能力

衡量员工能力，既有简单的方法，也有复杂的方法。若用简单的方法，领导者只需问一个笼统的问题：我的员工拥有完成工作所需的专业能力和社会能力吗？这个问题通常得到的也是笼统的回答，比如"想来如此""当然""为什么不呢？"如果领导者对这些问题不再继续深入，那么他们将无法得出明确详细的信息，因而无法推广有效的方法或改正无效的方法。

关于衡量员工能力，还有一些极为复杂的方法。然而，这些方法只是汇总了与员工能力相关的数据——技能储备、绩效评价、职业抱负、从业履历等，与现有工作和需要并无具体联系。要创建、更新和维护这些昂贵的员工能力数据库，通常需要花费比其自身价值更高的费用。

多数领导者需要详细而不复杂的员工能力评价。在这里提出的一个简单实用的方法——"个人仪表盘"，就像是汽车的车速表，能一直放在领导者的眼皮底下，以供随时监测那些基本但是重要的信息。

如表 3 - 1 所示，领导者能用四种方式来衡量员工能力。可以从个人角度，也可以从整体角度，可以用数字来定量分析，也可以用描述来定性分析。不管用什么方法，领导者都既要严格对待、实证评价，又要关注其他可深入探究的问题。表 3 - 1 中举了一些精确详细的例子，能展现出领导者最想了解的信息。方法之间互不排斥。领导者需要根据现实要求和处境，搭配使用这些方法，从而找出对他们而言灵活、可用且可信的方法。

表 3 - 1 员工能力的衡量

定量分析	定性分析
单元 1：个人定量衡量 　用教育背景、培训、才干、智力等素质指标和如下标准，给你团队中的员工评级，建立一个加权的业绩指数： 　新手，50；新雇员平均水平，100；高潜力，150 　人员　　　评分　　　去年评分 　莫妮卡　　135　　　130 　乔治　　　130　　　120 　弗兰克　　125　　　130 　辛迪　　　115　　　115 　斯图尔特　95　　　　80 　克里斯蒂　90　　　　60 　富兰克林　80　　　　85 　————————————— 　平均　　　110　　　103 　另一种方法是可以用全面反馈来确定每个人的总体排名	**单元 2：个人定性衡量** ● 该员工对于商业结果有何价值？如果该员工离开，会有多大损失？ ● 这位员工为谁工作？公司之外的哪位顾客？公司内部的哪位员工？ ● 如果该员工代表你的部门面对高管、顾客、潜在员工或是投资者，你会放心吗？ ● 如果你有一笔意外的奖金作为对员工的奖励，你会给该员工多大比例？ ● 该员工办事的能力如何？ ● 该员工在同事中威信如何？
单元 3：整体定量衡量[1] ● 员工的培训和发展费用在总费用中所占的百分比 ● 公司员工在猎头公司那里的名声 ● 从事该职业的年限 ● 员工满意度指数 ● 提出新想法的员工比例，包括将想法诉诸实践 ● 后备员工比例：重要工作岗位上有可以胜任工作的后备员工的比例 ● 总体后备员工比例：可胜任关键工作的员工数量 ● 公司总体和关键职位上的工作接受率	**单元 4：整体定性衡量**[2] ● 你的顾客最看重员工的什么技能？ ● 为什么新员工会来你的部门？你期望他们有什么技能？他们想从你这里获得什么技能？ ● 哪些经理有培养未来领导人的声誉？未来领导人应该了解和掌握什么？ ● 极富潜力的经理想在哪儿工作？为什么？ ● 竞争对手会从你这里挖人吗？ ● 为什么你的员工辞职另寻工作？ ● 未来员工需要掌握哪些专业知识和社会知识？现在的员工能掌握这些技能的占多大比例？ ● 若你不得不重新创业，现在的员工中你会留用的占多大比例？

（第一列标题：个人评估；第二列标题：整体评估）

①见 Jac Fitz-ens, "The Truth about Best Practices: What they Are and How to Apply Them", *Human Resource Management Journal* 36, no. 1 (1997): 97 - 104；以及 Thomas Stewart, *Intellectual Capital: The New Wealth of Organizations* (New York: Doubledoy, 1997).

②见 Stewart, *Intellectual capital*, 232.

以表 3 - 1 中的单元 1 为例。领导者以上一年招聘的员工的平均教育、培训和经验水平为基准，得到员工能力的实证评价。根据这一人力资本标准，评价已有工作经验的员工。

这个衡量方法最为灵活且最能反映员工能力，因为它承认员工所需能力是不断变化的。多年前拥有胜任岗位工作技能的人，今天却可能被淘汰。例如，三十年前的行政助理不必了解如何使用文字处理程序和电子表程序，也不需要懂得如何将文本、数据和图表整合成演示文稿并存入磁盘，以备进行数小时的讨论，他们也许根本不需要懂电脑。但是在今天，毋庸置疑，他们需要懂这些。

因此，基准衡量方法反映了某个特定职位所需的不断变化的能力标准。此外，瑞典赛勒米（Celemi）公司通过多年的持续跟踪，还得到了其他能够反映员工能力的测量指标：[11] 员工在其职位上的平均工作年限；专家流动率；专家资历；可增强员工能力的客户的比例，即那些给赛勒米公司员工提出挑战性项目的顾客；还有新手比例，或者说工作未满两年的员工占所有员工的比例。

领导者及其他人（其他领导、下级部门）负责评估客体取得的成就（人力资源代表可能也包括在内）或者考虑目标信息，根据标准衡量团队中的每个人。这种累计性评估能帮助领导者确定个人的人力资本是否在逐年增长。如果把表 3 - 1 中的方法结合使用，就可以提供一个非常可信的员工能力指数。

想获得员工结果的领导者必须拥有能够胜任工作的员工。如果领导者不综合运用定量和定性的方法，他们就无法获得员工结果。

如何培养员工能力

针对团队里员工能力不足的问题，领导者可以采用多种方法来解决。基本方法是"6B 法",指引进（buy）、培养（build）、借鉴（benchmark）、借用（borrow）、辞退（bounce）和保留（bind）。其中各项会在下文中详细介绍。表 3 - 2 可以用来评估使用这些方法的效果，还可以用来对培养员工能力的方法进行调整、增加和改进。

表 3 - 2　培养员工能力的方法

方　法	定　义	得分 （1 = 低，10 = 高）	领导者做法
引进法	从公司外部或内部的其他部门招募新人才		
培养法	通过提供教育、正规工作培训、工作轮换、工作指派和行动式学习，来训练或培养员工		
借鉴法	派遣员工去工作流程优秀的公司参观学习，以有所提高		
借用法	与公司外的咨询顾问、顾客或供应商合作来获得新观点		
辞退法	辞退工作表现差或工作能力不足的员工		
保留法	留住最能胜任工作的员工		

引进法

想要提升现有员工素质或者用更高素质的人才取代现有员工，领导者需要走出公司引进新人。此外，许多高管依靠引进人才来实现公司的快速转型。联合信号（Allied Signal）公司有 120 个高层主管，而拉里·博西迪（Larry Bossidy）替换了其中的 90 个，新上任的高层主管中，有些来自公司内部，但是大多数是公司外部人才，所以明确表明了公司文化和方向的转变。引进人才能够带来新观点，打破旧的文化障碍，并通过重组公司来创造人力资本。

引进法建立在能够获得人才的基础上，但是也伴随着巨大的风险。外来人才在工作方面可能并不及内部员工。大规模的职位替换会疏远内部合格员工，使他们憎恶这些进入公司却不负责任的投机者。而且，将各种外来人才培养成高效可信的团队，并让他们弄清公司内部复杂的关系，这个过程可能会把公司引入危险的雷区。采取这种做法的公司通常会发现，他们的进展比预期得要缓慢，而且很不稳定。

只有当外来人才做出"技惊四座"的成绩时，引进法才会奏效。这要求外来人才足够优秀，只有这样，现有员工才会由衷地开心，能够抛却对外来人才的嫉妒。但是，我们认为，引进法在提升员工能力方面不太可行，因为称职员工往往供不应求，因而引进外来人才的费用也越来越高。

培养法

培养法是指领导者在现有员工身上投资，帮助其找到新方式来思考和完成工作。例如，包括摩托罗拉和通用电气在内的许多公司都花费巨额资金创建项目，用以帮助员工抛弃旧知识，掌握新的专业技能和管理技能。除了这些正规的培训项目，有组织的在职培训也能促进技能的提高。当员工学会了将质疑与行动相结合、更新了观点、改变了在职行为之时，这些项目就成功地创造了人力资本。

在运用培养法来提高人力资本时，高层主管必须确保员工得到了真正的发展，而非只会纸上谈兵；确保培训与商业结果挂钩，而非空谈理论；确保学习能够指导行动；确保员工从工作经历中得到持续、系统的收获。培养法的风险在于，花费大量的时间和金钱，可能最后却只是为了培养而培养，并没有培养出能够创造商业价值的人力资本。

培养能力的有效方法之一是，找出企业里的明星员工，探究他们的工作技巧与其他人的不同之处。几乎所有工作团队中都有公认的最杰出的人，这些人完成工作的效率最高。他们的工作技巧只有通过认真观察才能被学到。一旦分析和理解了这些技巧，团队中的其他人就可以按照该模式来完成工作。

借鉴法

借鉴法是指选派一线员工和高层主管去一些擅长某个工作流程的企业参观访问。目睹了成功团队的运作方式，参观者会知道能做什么和怎么去做。借鉴法可以用在同行业的企业中，也可以用在其他行业的企业中，甚至还可以去竞争对手企业参观学习。这种方法的优点在于，它能够使员工摆脱骄傲自大的心理——这种心理很容易在成功的企业中产生。同时，它还能用成功的事例对学习者产生强有力的示范作用。虽然借鉴法可以被视为培养法的一部分，但它和培养法也有所不同，它能使高层主管了解其他公司的经营模式，开阔他们的眼界。这种方法的风险是可能仅停留在复制的层面上，观察者不能将学到的东西拓展开来，而且学到的东西可能并不适用于未来。

借用法

借用法指的是经理们利用外来人士提供的新观点、框架和工具，以增强自己企业的实力。聘请咨询顾问不再是奢侈的事，而是商业现实。咨询顾问发挥积极作用，意味着他们与其客户建立伙伴关系，分享知识、创造新知识、从新角度不偏不倚地来设计工作过程，而这些是公司原有员工所不能做到的。

但是，许多公司在使用咨询顾问时也要注意，不能依赖他们。我们将其称为"调整而非全盘接受"。调整主要是指依据业务需求，调整利用咨询顾问的方式，并将咨询顾问的知识应用到客户公司中，这样一来咨询顾问就成了"在工作之外的工作"。领导者使用咨询顾问时，要秉着"掌握而非租用"的原则。公司必须弄明白咨询顾问提供的工作流程和工具，将其为己所用，并使其在咨询顾问离开后也能被员工复制使用。

和其他方法一样，借用外来资源提高人力资本的方法也有风险。大量资本和时间换来的可能只是一点点回报。公司可能会依赖咨询顾问，不能将咨询顾问的知识转化并用以改进工作流程。此外，不加修改、直接使用在另一个背景下得到的答案，也会有一定风险。

辞退法

辞退法是指领导者辞退那些表现未达标准的员工。一方面，要辞退那些起初能够胜任工作、而后无法达标、从而不能胜任现在工作的员工。另一方面，要辞退那些不能快速改变、学习和调整的员工，这是当今多变的经济环境和技术环境的要求。

公司若想提升平均人力资本，就必须大刀阔斧地一步步移除表现最差的员工。用好这一方法，需要有认真负责的计划、魄力十足的管理，如此才能果断地做出艰难的人事决定。必须制定清晰的标准和目标，以便让员工知道自己离开或留下的理由。另外，辞退程序要公平合理，必须符合法定要求。

辞退法，或者说开除垫底员工，是提高人力资本的一种方法，当然，它也有一定风险。管理层必须警惕，不能将裁员看成万灵药，裁员不可能解决所有问题。注意不要辞错了人，不要让留下来的人泄气。总之，公司不能靠感觉来做人事决定，而应该依据事实，否则就会失去公信力。

保留法

保留法是指留住对公司成功有重要意义的员工。保留法在各个层面都很重要。公司想要成功，既要留住高级主管，因为他们的眼界、方向和能力影响着公司的发展，也要留住技术员工、操作员工和小时工，因为他们生产的产品或提供的服务能够吸引和留住顾客。公司必须牢记，对员工个人的投资通常要多年后才能收回，所以留住员工至关重要。

留住员工有两种方式。设想这样一个场景，一家大银行的经理们在信贷培训项目上做得非常出色，但是他们却感到沮丧。他们最终才明白，正是因为培训项目做得太好了，他们给培训生提供了三年的正式课堂培训和精心安排的工作实习，培训生毕业后往往都被这家公司的竞争对手给挖走了。银行采用的引进法和培养法发挥了作用，但是因为不能留住自己投资培养的人才，总体人力资本还是不足。

另一家公司面临劳动力成本高和裁员的可能，决定不在可能辞退的 7%～10% 的员工身上花费精力，而是关注不能损失的那 20%～25% 的员工。公司经理将这部分人确定为重要员工，询问他们能够留在公司的条件，然后与他们签订合同，以鼓励他们留下来。所以，公司即使裁员，也能留住核心员工，从而提高人力资本。

什么是员工忠诚度？

忠诚度是指企业内的员工将会去做的，而不是能够去做的（这是能力）。忠诚的员工愿意将自己的感情和精力奉献给公司。[12] 忠诚度体现在员工间的关系和他们对公司的看法上。在很多情况下，要求员工忠诚度的压力反而会破坏忠诚度。严峻却又真实的竞争压力对员工提出了更高的要求——要更加全球化、对顾客更加负责、更加灵活、更有学习倾向、更有团队精神、更有生产力等。这些竞争压力对员工的忠诚度提出了更高的要求，需要员工为了公司的成功付出自己的身心精力。[13]

最近对营销中大众化定制服务的研究，为员工忠诚度提供了新的思考角度。[14]定制服务承认每位顾客的特性，也认可个人或最多到家庭层次上的市场细分。例如，李维斯（Levi Strauss）目前就为顾客定制牛仔裤：先测量身材尺寸，然后将信息传送到制造车间，裤子裁剪完成后直接送到顾客手中。一些杂货店有会员活动，持有会员卡的顾客可以享受更好的服务（例如不必排队、享受折扣）。时间一长，这些活动就能让零售商掌握顾客的购物模式，一些商店甚至能直接将货物寄到顾客家中。

如果员工能感受到来自公司的尊重，他们就会为公司效忠。公司只有做到这些，用尊重员工的态度改变以往根深蒂固的雇佣关系，才能提升员工的忠诚度。

长久以来，工业社会都将人视为机器。在此前提下，科学管理要求工作尽可能地简单，所以工人只需要具备少量技能和教育即可。受此影响，雇主们认为他们的员工都是可以取代的。如果一个员工没有完成工作，公司只需要换一个人即可。

因此，基于平等对待所有员工的假设，产生了许多劳动关系政策。很多工人运动爆发的原因也是为此，要求对所有员工一律平等对待，而不受管理者的偏好影响。员工们希望能保证以完全一样的方式被对待。

显然，争取平等对待给劳动者带来了很多益处。但是，正如很多好方法被滥用一样，争取平等也带来了负面影响。当员工们感到他们被当作兽群中的一只，得到无差别的对待时，他们非常厌恶。个人在学习和工作上的差异被忽视，个人或家庭在需求和要求上的差异也被忽视。反而，个人要服从组织需要，服从组织规定的工作时间、加班要求、放假安排、服装规定和文化氛围等。

这些要求使员工和管理者的关系越来越对立。这种对立心理引发了更糟糕的后果：冷漠。员工不再关心公司。当公司不能满足员工个人需求时，员工会扼杀掉原本可能产生的忠诚度，以此来报复公司。

如今，公司再也不能将员工看成是可以取代的了。所有公司都需要聪明、懂计算机、有创造力又善于应变的人才。然而，对于美国的公司而言，由于近些年大幅裁员，员工的忠诚度已经丧失，员工与公司早期的合同也已经废除。用忠诚和努力工作来换取铁饭碗已经完全不可能。公司必须用全新的方式来重新获取员工的忠诚度。X 一代的员工（也就是出生于 1965—1981 年间的人），崇尚自主、灵活和个人主义，他们不提倡传统的"一刀切"（one-size-fits-all）的管理方法。[15]

公司重获忠诚度的唯一方法就是尊重员工的个性。员工希望灵活安排工作时间和工作任务，希望拥有机会创造工作价值，希望能够把握自己的职业进程。换句话说，员工希望在所做的任何事情上都有话语权。公司必须与员工携手，规划员工的未来，帮助员工了解公司提供的机遇。当员工看到学习和成长的机会时，就会向公司效忠。当他们认为自己受到尊敬和关注时，就会献出自己的忠诚度。为了创造这些条件，公司必须营造环境，培养和强化这些特点，为此要先形成一种补充性的管理风格，我们将这种风格称为"规模化定制员工管理模式"。[16]

如何衡量员工忠诚度

领导者能用三个"大测量表"来衡量员工的忠诚度：劳动生产率、

组织氛围和员工的保留（见表3-3）。其中每一项都应持续关注。

表3-3 员工忠诚度的衡量

衡量方法	定　义	领导者应用方法
劳动生产率	单位投入的产出比率 产出可以是收益、总量、利润、现金、所雇员工等；投入可以是员工数量、员工成本等	将生产率放入以时间为轴的坐标图中，并将其与其他团队的生产率数据进行比较
组织氛围	公司内部完成工作的方式 衡量的内容，包括工作如何管理、员工如何对待、信息如何共享，以及决策如何做出	通过对主要指标的定期调查来评估
员工的保留	劳动力的稳定性 在一定时间内（通常为一年）离开公司的员工的百分比	绘出每年的员工流动率图表，与行业内其他企业进行比较。以离开员工的任期及业绩水平来表现员工流动率

劳动生产率

生产率可能是领导者衡量员工结果的最重要指标。生产率的提高，是一个国家生活水平提高的主要决定因素。生产率能创造出大量资源，用以支付日益增长的工资并提高福利。没有生产率的提高，工资增长就只能依靠盈利，而这些盈利原本是属于股东或所有者的。通货膨胀严重的时期，高工资是假象，仅仅反映了通货膨胀率。

积极提高生产率的公司在市场上也得到了回报。与全球经济1.2%的平均增长率相比，通用电气公司的年均生产率提高为5%～6%。思科公司将每年生产率增长10%作为目标——它每年都能实现这一目标。生产率大幅增长的公司具有竞争优势。但是，有组织地提高生产率的公司只有20%，原因之一可能是缺乏衡量手段。

生产率表示每单位投入的产出。因此，衡量生产率的方法之一就是公司收益除以员工直接成本（工资和津贴）。这种方法计算出了对员工投资所得的回报，因而比仅用收益除以员工人数更精确。衡量生产率的另一种方法是用利润除以员工成本。为避免将公司债务或是税率结构与员工生产率的计算混淆，应采用息税前利润（Earnings Before Interest and Taxes，EBIT）方法。显然，这些衡量方法要运用一段时间后才最有效，因为到了那时才能观察出发展趋势。与同行业其他公司的生产率进行比较，也是有效的方法。

有些公司能找到独特的方法来衡量生产率。衡量销售生产率，可以用总收益除以销售型员工的总成本（包括奖金和佣金）。制造工厂衡量生产率，可以用资金总量除以所有制造工人的成本。人力资源部门可以计算出雇用每个员工的成本。会计部门可以衡量处理差旅费单据或是应付账款交易的成本。

组织氛围

组织氛围（或者用今天更流行的说法——企业文化）是衡量忠诚度的第二种有效方法。企业文化将公司和员工做好工作的动机紧密地联系了起来，能激发员工的创造力，释放工作热情，让员工带着紧迫感去工作，有需要时员工还能付出额外的努力。

企业文化包含许多因素，如员工对企业管理监督水平的看法、公司使命和前景的明确度、报酬和福利政策的公平性、员工间的关系、公司内部信息交流的能力、决策制定方法、设施设备的质量和公司高层的信息反馈机制等。企业文化决定了企业的适应能力，从长远看，能深刻地影响企业的竞争力，使企业适应新环境和顾客要求的变化。

很多公司长期致力于对组织氛围或企业文化的衡量，定期审计员工的工作和态度。这些审计大都范围广泛，包括上述内容的大多数或全部。例如，IBM 公司会定期进行企业文化审查，至少每 18 个月一次。只要在审计中发现下降趋势，经理们就要负责，因为 IBM 公司知道，这预示着要出现问题。如果你的公司还没有这种项目，那就从现在开始吧。

为了充分利用组织氛围的数据，领导者必须每年都要对比公司或团队的数据，并用这些数据和更大范围的标准性数据进行比较，以了解如何与行业标准或国家标准同步。

大多数领导者在使用公司的资金或汽车的问题上，并不觉得对员工有所不公，不会抱有歉意。领导者自身也应达到标准，就像要求员工那样。在这方面纵容就是在犯错。监督经理们如何对待员工、如何在团队中建立企业文化，应该像控制花钱一样严格，甚至还应更严格。

为得到真实明了的组织氛围评价，应遵循以下几点概括性原则：

- 确保回答者绝对匿名或保密。
- 考虑回应的趋势，提供具体的反馈。
- 培训领导者主持员工会议，让他们与员工分享信息，并提高其对企业文化意义的理解。
- 根据过程中出现的问题做出适当调整。
- 让员工了解企业文化的评价过程带来了哪些政策改变，让员工的参与度和工作环境的改善联系起来。
- 定期重复这些调查，随着数据的增加，趋势会愈加明显，员工对该过程的信任度会提升，这些调查的价值也会凸显。
- 关注得分的大致变化方向，而非绝对的起点或是现有的数字。

员工的保留

最后一种衡量员工忠诚度的方法是员工的保留。[17]持续失去大量人才的公司可能在领导力方面存在问题。当最优秀的员工离开公司，留下的都是平庸之辈时，公司就在走下坡路了。如果优秀员工在公司里看不到前途，那就很容易被竞争对手挖走，这是团队领导力的失败。

要想了解某一公司的员工保留和流失的问题，要做大量的衡量工作。首先，应衡量和评估员工流动的绝对水平。零不是理想数值，有一定的流动才是正常的。但是，一般来说，每年正常的流动率不应该超过10%。如果团队流动率过高，那就要注意了。此外，领导者应该了解一定时间内的流动趋势，并将现有的数据和过去的数据进行对比。

领导者还应该对比本公司的流动率和所参照企业的流动率，得出的数据能用来评价公司在其他方面的结果。那么，一家公司的流动率如何与其他公司进行比较呢？

公司不仅要了解离开员工的数量，而且还要知道这些员工是谁。8%的员工流动率似乎不太高，但如果其中主要是业务能手，少量是中等或欠佳员工的话，这个问题就需要被立即重视了。为了解决这个问题，公司必须知道员工为何离开。因退休或夫妻搬家而引起的员工流动，与因另谋高就所引起的员工流动截然不同。最后，公司还应调查员工离开的时间。是在就职初的六个月内吗？如果是这样，那就暴露出了公司在吸收和同化新员工方面的不足。如果员工在工作三年之后离开，则又是截然不同的问题。

用定性和定量的方法去衡量流转率，都能体现出领导者对员工的本质影响。针对制造公司和销售公司的研究始终表明，提高生产率和降低员工流动率之间存在正相关关系：一个稳定、低流动率的团队拥有更高的生产率。

如何培养员工忠诚度

在当今的经济背景下，面对当今的员工，要获得他们的忠诚度，公司需要拥有最大程度上的灵活性。下面的五个角度能提升公司及公司内的团队在生产力方面的灵活性，分别是工作安排、工作影响、成长机会、薪酬回报和团队关系。领导者如果能从这五个方面关注员工，也就为员工关系提供了个性化服务，有利于提升员工的忠诚度。

工作安排

灵活性可以体现在工作地点、工作时间和工作方式上。过去往往是用时钟记录工作日的开始和结束，并且要在特定地点工作。但是，互联网等新技术的使用，使工作安排变得极为灵活。技术发展使员工能够决定工作的时间和地点。例如，一家提供 24 小时电话服务的银行，很难找到在早晨 6 点至 9 点和下午 6 点至 10 点这两个时间段工作的员工；因为此时员工想和家人在一起。银行为了解决这个问题，允许员工在家中设立电话服务中心，使员工不出家门就能接听顾客的电话并为之服务。银行明确了员工的义务：客服必须符合规定标准，但是允许在家工作。结果如何呢？一年后，客户服务、员工士气以及"在家"电话服务代表的保留率都超过了银行业的平均水平。在家办公、共享办公室的旅馆式关系或灵活的工作时间（例如，工作 4 天每天 10 小时相对于工作 5 天每天 8 小时）都能提高员工的忠诚度。这些安排平衡了员工的工作和生活，对于员工十分重要。

灵活的工作安排也包括特定政策和有形设施。在制服、着装和规定休息日上的政策调整，能吸引那些注重结果而非章程的员工。创建校园式环境，给员工提供开放的空间、轻松的交谈环境、体育器材和就地儿童保育中心，也是提升员工忠诚度的重要因素。

工作影响

近来对 X 一代员工的研究表明，这些人更愿意做富有创造性的工作。允许员工自由选择项目及项目完成方式，能增加工作影响，提升员工忠诚度。当员工看到工作完成、工作成果得到认可并且感觉为他人创造了价值时，他们会产生自豪感。领导者要创造必要的工作条件，让员工看到、感受到其工作的影响，从而提升员工忠诚度。

成长机会

当员工能从工作中学到东西时，他们的忠诚度就会提升。员工的成长机会来自领导者提供的技能培训、包含新技术的工作任务、对工作表现的反馈、在跨功能团队中的工作机会，以及相关的教育经历。在工作中能够学到新技能、感受到个人蜕变时，他们就会更加忠于工作。让员工自己把握成长机会，能为他们的学习提供更多机遇，并使他们为自己的学习负责。

薪酬回报

当员工的工作成果获得公众肯定时，他们的忠诚度会提升。对于工作的肯定，一方面来自认可，一方面则来自报酬和福利。让员工选择报酬的形式有利于提升其忠诚度。举个例子，在东北部的一家银行里，组织结果部门的一位女士不久前拿到了博士学位。她在这家银行里已经工作了 15 年，希望在这里能有个好前途。但是，她的丈夫被调往西南部工作，而那边并没有适合她的工作，这让她非常烦恼。她的老板提出这样一个方案：她拿出薪水的 30%，公司也拿出相应的数额，这两笔钱凑成她的通勤费用。她可以用这些钱来往返，一个月中有 12 ~ 15 天在银行坐班，其余时间在家里工作。她接受了这一方案，既保住了在银行的资深地位，又将知识应用到了富有挑战性的工作中。银行也从中获益，因为她对老板更加忠诚，对财政工作安排也更加负责。

团队关系

员工与同事、主管和高管之间的关系，最能影响其忠诚度。当团队关系取代等级制度，员工会觉得他们在为关心自己、尊重自己个性的人工作，所以会付出忠诚来作为回报。要培养团队关系，需要协助员工选择工作伙伴、与主管之间形成互相信赖的关系、与顾客紧密联系等。

表 3 - 4 展示了这种机制发挥作用的方式。从表中能够看出四个员工对各个方面的重视程度。公司给出 100 个价值单位，让员工明确对每一项的重视程度，并据此为员工安排符合其个人利益和价值观的工作。例如，迈克尔最在乎工作任务的灵活性，所以应该给他安排时间和地点自由的工作；海伦更关注工作伙伴，她对薪酬、发展机会或前景不太重视，所以她应该在选择队友上拥有更多发言权；乔伊最在乎获得更多的技能，他应该得到更多培训经历和发展机会；佳娃则对五个维度都很重视。在这个例子中，四名员工都有 100 分总分可以用来分配。在实际情况中，有些员工对公司的贡献高于其他员工，所以总分数也应该因人而异。

表 3 - 4 培养员工忠诚度

员工工作的各个维度	说明	员 工			
		迈克尔	佳娃	海伦	乔伊
工作安排	在哪儿工作（例如家中、旅馆、办公室）？ 何时工作（例如工作时间）？ 工作时有什么要求（例如着装要求）？	40	20	20	10
工作影响	做什么项目？ 有什么创造性的挑战？ 员工会有什么职业抱负？ 员工通过什么方式能看到自己工作所带来的影响？	20	20	10	20
成长机会	员工想获得什么技能？ 员工收到什么反馈？ 工作安排、任务难度如何？ 员工能获得哪些培训和教育机会？	20	20	10	40
薪酬回报	员工能得到哪些长短期的现金报酬？ 能得到哪些股票或其他延期激励？ 能持续获得哪些灵活收益？	10	20	10	20
团队关系	员工与谁一起工作？ 工作团队中都有谁？ 员工与老板的关系如何？	10	20	50	10
工作中每项因素的相对重要性		100	100	100	100

　　领导者了解了员工的偏好后，就能量体裁衣，营造良好的雇佣关系，从而提升员工忠诚度。当然，达到这种灵活性的关键是员工持续创造生产力，必须达到及超过业务标准。随着员工不断达到更高的业务标准，他们在这五个维度上的自主权也会不断增加，而无法达到标准的员工也就丧失了自主性的基础。

　　在这五个维度上为员工提供个性化服务，能够增加员工忠诚度。员工一旦从工作中得到了他们认为有意义的东西，就会贡献忠诚和服务作为回报。一些小公司或地方单位的领导者，愿意并且已经满足了员工个性化需要的五个方面，他们已经获得了员工忠诚度。对于大公司的领导者，如果他们意识到了人力资本的重要性以及培养和维护员工忠诚度的重要意义，那么他们也会想办法满足优秀员工在这五个方面的个性化需要。

员工结果对领导者的意义

人力资本来自员工的能力和忠诚度。有能力无忠诚度不利于企业的长远发展，有忠诚度无能力又会将企业置于危险境地。能力和忠诚度对于增加人力资本都具有重要意义。提升人力资本目前已经成为许多公司高管的重要任务。

有意投资、利用、扩充人力资源的领导者，应该花时间提高标准、设定较高目标、给员工更多要求。但是，他们不能止步于此。他们还应该提供资源来帮助员工达到要求。对大量公司进行研究后，我们发现，领导活动不必求细求全，但是应该让员工参与决定他们是否满足要求所需的条件。如果领导者既能给员工提出高要求，又能为员工提供满足要求的方法，那么员工就能参与其中，并且能够积极工作。企业的人力资本是一笔确定资产，通过它，领导者能够达到更高的目标。

领导者不能对员工离开坐视不理，不能对创造力衰竭无动于衷，不能对生产力停滞袖手旁观。他们必须在员工结果方面有所作为，因为员工结果深刻地影响着企业其他方面的发展。

第四章
组织结果：能力提升

组织并不会思考，能思考又能做事的是人。因此，以结果为导向的领导者需要将精力放在人上，提高人力资本。这也是前两章我们所讲的内容。但领导者领导的不仅仅是员工还有整个组织。同时，组织还会限制员工的思维方式和行为。因此，本章将帮助领导者找出实现组织结果的最佳方式。

在实现组织结果时，领导者扮演着十分重要的角色。下面所介绍的一个简单案例就能看出这一点。在这个案例中，一名运动员不仅改变了一支队伍，也提升了个人的竞技水平，说明了一个组织的环境设置要比另一个组织更能促进运动员技能的发挥。艾萨克·奥斯汀（Isaac Austin）起初在NBA（美国职业篮球联赛）的犹他爵士队效力。他打球很有天赋，但并不是一名勤奋努力的球员。在被球队辞退之后，他去欧洲联赛打了两年球。之后又回到NBA，被迈阿密热火队收入麾下，做了一名替补球员。但就在热火队，奥斯汀开始了转变。虽然此前他在NBA其他球队效力过，但是热火队内的高期望值提升了他的能力。他减轻了体重，训练更有规律，渐渐成为场上的头号得分手。奥斯汀的成功转变多归功于他专注度的提升，但整支球队以及球队教练帕特·莱利（Pat Riley）同样功不可没。正是这位教练提出了较高的期望值，并要求所有队员都要努力达到他的要求。帕特·莱利作为球队的领导者，通过设立合理但却要求很高的训练和比赛表现标准，打造了一支成绩卓著的球队。在他的领导下，不但球员个人才能得到了发挥，而且整支队伍也拥有了正确的态度和对成功的积极付出，进一步促进优秀球员发挥出最高水平。

相似的案例在其他领域比比皆是。当一个领导者取得成功时，他会给整个组织带来一些改变。多数改变体现在个人思想和行为上的变化。但其他的改变会体现在组织层面上：组织对期望值的设定和结果的产生等方面。从本质上来说，组织自身也有其个性特征，这些个性特征通常是由其领导者所建立和塑造的。

领导者有能力也有义务创造组织结果，还应该帮助其他员工培养所需的工作技能以实现组织结果。本章我们将帮助你解答以下问题：我是否拥有一个健全的组织？为了让组织取得结果，我应该确保组织拥有哪些能力？为此我该怎么做？此外，本章还将阐述为何把组织结果定义成组织能力，提出领导者在组织中应该具有的必备能力，还将提供一些即学即用的建议，进而打造一个能力强大的组织。

组织结果的定义

人力资本与组织资本

在获得组织结果的过程中，领导者所面临的挑战在于如何确保组织整体绩效大于各个部分之和。而员工就是组织的各个部分，他们组成了公司的人力资本，为组织贡献自己的技能，尽心付出。员工在公司组织里发挥自己的聪明才智，组织也从中得到收益，若是没有了他们，公司所有的经营业务都将失败。

但领导者不但要积累人力资本，更要构建组织资本。组织资本所产生的效果远超每位员工个人聪明才智的贡献。例如，内部配合协调默契的球队能够打败个人技术优异的全明星球队；合唱团和交响乐队的音乐效果也远胜个人独奏（唱）者。当需要创造出富有新意的产品，或者要取得超乎预期的成果时，组织资本的重要性远远超过了人力资本。

为了保证组织结果，领导者必须做到以下几点：一、组织的整体产出大于各个部分的产出之和；二、组织的整体成就要比任何个人的努力和行为更加持久；三、组织的整体成就要领先于个人的业绩；四、组织内部形成一种企业文化，为员工所认同并指导他们展开工作；五、打造组织对外的一种形象或者文化，让组织与客户、潜在客户、供应商和竞争者区分开。

毫无疑问，组织结果十分重要，在公司的各个层面都起到重要作用。在筛选雇用新员工时，它就能发挥作用。招聘官告知求职者公司的企业氛围，会有大量的出差，长时间的加班，频繁的工作转换等情况，从而劝阻一些不合适的求职者放弃这份工作。同样教堂在纳入新教众时，也会告知他们需要积极承担义务、参加社区服务，从而教育那些并不愿意为教堂的目标理念花时间的人。一个组织的正式成员为组织结果尽心尽力，有助于保持自己高水平的工作表现。以美国西南航空公司为例，他们把每位员工的创收同空中飞行的时间挂钩，这也使得他们在业界保持了最高的工作效率。如果一个公司的文化注重结果和高水平的业绩，并且能让员工认识到公司期望他们努力工作以保持这样的高水平业绩，那么员工为了融入组织，通常也就会努力达到公司的要求。

成功的领导者获得组织结果并取得长远的成功并不是取决于任何个人，而是依赖于组织。

组织是结构还是系统？

想要获得组织结果，领导者必须回答以下这个问题：我是否拥有一个对的组织？从传统的角度来看，领导者将组织视为一种结构或者一个系统，并从中找到各自的答案。

将组织视为结构，其思想可以提炼为一句格言："结构遵循战略。"领导者在不断尝试找到恰当的组织形式时，通常会运用一系列的方法对组织结构进行调整。他们可能运用偏重于不同方面的组织逻辑，来尝试对组织结构进行转换。这种做法可以以业务单位为中心（生产线或不同的业务），以职能为中心（例如，营销、销售、工程），以地理位置为中心（例如，国家或地区结构），以矩阵结构为中心（运用两种以上的上述结构），等等。有时候，组织结构的转变还可能将组织的决策方式和控制方式由原来的集权式转变为分权式（按业务单位、职能或场所划分）。

还有些时候，领导者会采取兼并重组、裁员等方式对组织结构进行调整。这些措施背后所隐含的假设前提是：规模越小，效率越高，组织效益越高。

不久前，某家公司宣布了一项重大的组织结构转变，将组织结构从原先的地理区域分布转变为以产品线为中心。该公司是一家全球型公司，结构转变前，各个国家的区域经理负责本区域内公司所有产品的销售；结构转变后，各业务单位的经理获得授权可将产品销往全球各地。但在公司内部，这项组织结构转变的决定一经宣布立即遭到了人们的冷嘲热讽。C. K. 普拉哈拉德（C. K. Prahalad）将这种组织结构的重组形象地比喻为：某人将装有 12 只鸟的鸟笼在自己头顶上转十圈，停下后，笼子里的每只鸟都改变了落脚的位置，而这一结果就是他所谓的结构重组。但是，总体来说，组织内部的员工看不出管理层有什么变动，他们看到的还是笼子里原来那 12 只鸟。在这样的组织里，员工就会纳闷：除了更换了新的头衔和组织结构图外，到底有什么新东西呢？

对组织进一步分析和判断后，人们对组织结构有了新的想法：将组织看作一个系统。这种方法将组织视为一个综合系统，而不仅仅是一种结构。这一新颖的见解一经提出，大量的组织系统模型相继涌现，其中包括 "7 – S 模型"[1] "星型模型"[2] 等将组织战略与组织系统联系在一起的模型。[3] 领导者在将组织战略同组织系统联系在一起时，会以联系和整合相关系统的程度来衡量其组织实力。

但将组织视为一个系统也会毫无例外地受到怀疑甚至讽刺。某个公司在过去的十多年中尝试过 30 多种方案，在公司看来这是公司管理层为了提升公司系统所做出的不懈努力。但在员工看来，这些举措都成了笑话：各种方案所承诺的比它们实际带来的成果要多，在还没有达到预期效果时就被新的方案代替了。从系统或者行为的角度来定义组织，正如仅仅通过员工某一时刻的工作行为来评价他的工作表现一样，存在着相同的缺陷。照片只能反映出人们行为的某一瞬间，而不能完全表现出他真正的行为。同样，对组织系统的评估并不能完全呈现出一个公司组织的实际运作情况。

近年来，对组织本质的观点有了新的发展，一种更加融合的观点逐渐兴起。这种观点认为组织不能简单地和结构、系统、管理方式画等号。只有通过列举出组织所具备的能力和创造这些能力的管理方式才能准确定义一个组织。领导者为了获得组织结果，就必须塑造一个具备取得成功的各种能力的组织。

将组织视为能力

不论组织评估（可能的评估项目维度，包括质量、人力资源或战略等）的指标和方法如何，对组织最终的定义越来越侧重于对组织能力的考量。这是理解组织能力的一种新方法，融合了多种标准和原则。表4-1从中归纳了各种影响因素。[4]

表4-1 新兴的融合组织理论

战略	组织理论	质量	组织发展/转变	人力资源	咨询顾问
核心竞争力	组织类型	程序	文化	高效的工作系统	成功的方法和关键要素
实现战略目标需要哪些必备的核心竞争力？	存在什么类型的组织（例如，市场型、官僚型、家族型、临时委员会型）	需要采取什么样的程序步骤才能保证客户质量（例如，汇款单据、客户界面）	企业需要怎样的企业文化以实现其战略目标？	人力资源部门如何通力合作才能打造高效的工作系统？	成功的方法和关键要素究竟是什么？

潜在含义：组织被当成多种能力的结合体……跨越边界

利用这种方法，领导者就可以花更少的时间来讨论这些有益观点的优缺点（例如，核心竞争力、企业文化、高效的工作系统之间有何不同），而花更多的时间来认识这些观点内在的相似性，从而打造一个富有竞争力的组织。这六个观点中的每一个观点都强调了组织的内涵超越了结构或系统的范畴。组织能力应该符合以下标准：

- 组织能力必须是整合的：组织能力并不是个人能力和管理系统的效力，而是整个组织积极投入的能力。
- 组织能力要为客户增加价值：组织能力是由公司外部对价值的定义衍生而来的。
- 组织能力要保持连续性：组织能力要保持长久的稳定性。
- 组织能力要保持独特性：组织能力必须避免被竞争对手所模仿。
- 组织能力要能够吸引员工的参与：组织能力要让组织内的员工感受到其意义。
- 组织能力要树立身份特征：组织能力向客户、员工和投资者说明了组织的身份特征。

成功的组织之所以出名，是因为它所具备的能力。以美国西南航空公司为例，它的员工通过加快地面转机的节奏，减少地面停留的时间，提高了飞机的飞行效率。西南航空公司就将高效的工作效率当作自己的招牌。正是这种鼓励员工在工作中积极创新并寻找乐趣的工作环境，才让这一切成为可能。柯达黑白胶片公司的员工们，在开拓公司产品新用途的过程中，以团队的形式通力合作最终完成工作。经历的这一切塑造了他们的创新能力。

从任务、愿景和价值观的规划设计到采取实际行动，组织能力在这一渐进过程中扮演了至关重要的角色。正如图 4-1 所示，领导者常常会通过战略规划研讨会、公司愿景构建实践、任务陈述书的起草等措施，推动他们的战略发展，从当前阶段（单元 1）过渡到未来阶段（单元 4）。但事与愿违，过渡到未来阶段的战略并不能得到预期的结果，因为在这个过程常会出现两种错误。

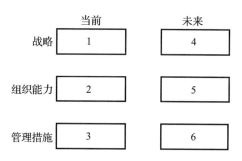

图 4 - 1　战略、组织能力与管理措施

　　第一种错误，领导者在实施新战略时，运用的却是陈旧的组织能力（单元 2）和管理措施（单元 3）。这样在达成未来的战略目标（单元 4）时，就会遇到很多困难。以美国南方电力公司为例，当时它在中国投入巨资买下 CEPA 公司。但很快公司的领导者就意识到在中国的投资需要不同的管理方法来运营。所采取的管理方式完全不同于南方电力公司在美国东南部的成功经验。相应地，要想在中国取得成功，所需要的能力也与在美国截然不同。要在中国市场上获得成功，主要取决于同当地关键决策者的信任关系和对当地市场的快速适应能力。而在美国国内则更多地注重降低成本、形成规模经济等。当南方电力公司的领导者认识到所必需的能力之后，就开始在新的管理措施（单元 6）上进行了投入，以便让公司具备这些能力。这些管理措施包括：与中国当地代理商合作，吸收熟悉中国市场的员工，加强学习培训以了解中国的商业运作模式，并将这些要在中国市场取得成功所必需的组织能力在公司内部广泛传达，覆盖全体员工。

　　第二种错误，领导者在最新的管理措施上投入，追求新潮的管理方式（单元 6），以实施新的公司战略（单元 4）。马克·休斯李德（Mark Huselid）与布莱恩·贝克（Brian Becker）所做的一项调查表明，缺乏连续性的管理措施会损害组织的潜在效能。比如说，在做人事招聘决策时用的是这一套能力标准，在制订培训方案时是另一套标准，而拟订薪酬方案时又是一套标准。这样一来，员工就会很困惑，组织效能也会大大降低。休斯李德和贝克建议采用捆绑式的管理措施，以制定协调一致的决策。[5] 捆绑式的管理措施就是先将诸多管理措施整合在一起，再对应公司取得成功所需要的能力。

对于以组织结果为导向的领导者而言，必须接受这样的一个挑战并承担相应的责任，即如何将未来战略（单元4）转化为未来组织能力（单元5），继而形成未来管理措施（单元6）。领导者对问题"我是否拥有一个健全的组织"的不同回答，将帮助他们找到相应的解决之道。

过去，领导者将组织视为一种层级体系，将精力放在改变层级数量上；现在，领导者更注重组织能力，并努力在组织内部培养这种能力。过去，领导者通过改变组织架构或是调整业务流程来改善组织；现在，领导者将主要精力投入可以提高组织能力的活动上。过去，领导者通过分析系统的协调情况，对组织进行研究诊断；现在，领导者通过评估现有组织能力的水平来进行诊断。过去，只要公司明确了职责，领导者熟悉各项规章制度并有效解决日常事务，通常就能获得组织结果；但现在需要充分利用组织能力才能获得组织结果。

如今的领导者必须明确组织所必需的关键能力，并充分运用发挥这些能力，应对这个过程中的各种挑战，最终创造组织结果。

常见的关键组织能力

我们同迈克尔·隆巴多和鲍勃·艾辛格（Bob Eichinger）一起，进一步分析、整理了针对组织能力的研究和论著，最终确定了16种候选的组织能力。[6]对这些能力进一步地评估综合之后发现，以结果为导向的领导者最为注重的四种关键的组织能力包括：学习、速度、无边界、责任感。[7]图4-2阐述了这四种能力与基本领导职能（管理系统、应对变化、激发创新、维持稳定）的相互关系。表4-2则从核心领导力问题、关键措施、衡量标准等维度总结了以上关系。

图4-2 常见的关键组织能力

表4-2 四种常见的关键组织能力总结

组织能力	学习	速度	无边界	责任感
相关表述	知识、创意、创新	变革、灵活性、周期时间	团队、协作、虚拟团队	重组再造、持续改进、质量
核心领导力问题	对于我所在的部门而言，学习和分享知识具有何等的重要性？	对于我所在的部门而言，行动迅速和应变能力具有何等的重要性？	对于我所在的部门而言，团队合作、跨部门的协同合作具有何等的重要性？	对于我所在的部门而言，清晰的工作流程和工作责任感具有何等的重要性？
衡量标准	活力指标 学习指标	变革能力指标	无边界指标	责任感指标
关键措施	激发创意 推广创意	知识转化为成果	团队评估 无边界评估	责任定位
公司实例	可口可乐 朗讯科技 摩托罗拉	3Com 公司 昆腾公司	冠军公司 通用电气	美敦力医疗产品公司

每种关键组织能力的本质概念都很简单。学习是指创新、激发创意和运用知识的能力。速度是指应变能力和行动力，即行动迅速、反应敏捷、行事灵活，能缩短工作周期。无边界是指借助通信设备团队的跨组织单位的协作能力，可以形成虚拟化的组织合作。责任感是指遵守纪律、重组工作流程、构建员工所有制这一类有利于组织结果的能力。

领导者对这四种能力予以关注并努力创造这些能力，就会找到"如何才能确保我的组织具有所需的能力来实现所期望的组织结果"的答案。在这个过程中，他们实际上也就能得到组织结果。

学习

学习能力是一个组织努力激发创意并推广创意的能力。[8]不同的组织有不同的创新形式，因此其学习能力也就互不相同。学习也意味着组织内部的某个部门所产生的创意被其他部门所采纳和分享，从而避免重复犯错，保证成功的经验可以被复制。

以可口可乐公司为例，它正渐渐向学习型组织转变。公司雇用一些有才华的员工，并派往全球各地的生产工厂，他们主要负责收集和整理各地工厂获得成功的关键性因素，然后在整个组织内部共享这些信息。借助科技手段、论坛、最佳案例研究、研讨会等形式传递知识，这些都有利于可口可乐公司的领导者巩固在全球的地位。可口可乐公司的优秀创意能在其全球不同地区间互动，让他们跟竞争者相比更具优势。因此，可口可乐公司能够赢得更大的市场份额。

朗讯科技公司的学习则更注重于创新。从美国电报电话公司（AT&T）分离出来之后，朗讯科技公司就将自身定位成通信产品和服务领域中的科技领导者。在快速变化的市场环境中，朗讯科技公司的领导者认识到只有持续创新才能确保公司的竞争优势。鉴于此，他们开始进行各类试验性项目，加大对新想法、新创意的投入。同时，与大学和科研机构建立良好的合作关系，来培育和孵化面向未来的科学技术。

组织的学习效果，可以通过其产出的结果或者其所用的方法来进行衡量。3M公司就运用活力指数来衡量和评估过去五年内所设计生产产品的收益百分比。这种新颖的结果衡量标准能够跟踪学习的成果和效益，并且能够显示出3M公司的领导者所创立的学习型文化的深度如何。而对学习方法的衡量，则要求我们将重点放在鼓励学习的领导力行为和组织实践上。表4-3中所示的学习指标，经过了一百多家公司的测试，能帮助我们有效地评估组织的学习能力。[9]

表4-3　学习能力的指标

产生新创意的能力		有效地推广创意的能力	
特定战略	分数 (0~10)	特定战略	分数 (0~10)
能力的获得：我们对公众的承诺，即通过寻求新的工作方式来学习，并将学习当作商业战略的一部分，我们履行的程度如何？		文化：我们的组织文化对学习的重视程度如何？	
拓展边界范围：我们为了开阔视野向其他公司进行学习的程度如何？		能力：我们的个人、团队和组织具有何种程度的学习能力？	
不断提高：不断地巩固提升以前的工作成果，即首先掌握工作程序中的每一阶段，然后再进行下一步，我们通过这种方式进行学习的程度如何？		结果：我们的业绩管理系统鼓励个人和团队学习的程度如何？	

（续）

产生新创意的能力		有效地推广创意的能力	
特定战略	分数 （0 ~ 10）	特定战略	分数 （0 ~ 10）
实践：尝试新想法，并将新的想法付诸实践，我们通过这种方式进行学习的程度如何？		治理：我们的组织结构和沟通过程鼓励学习的程度如何？	
		变革的能力/工作系统：我们的工作流程和系统鼓励学习的程度如何？	
		领导力：公司上下各级领导者履行学习承诺的程度如何？	
产生创意的总分 （以上分数之和除以4）		推广创意的总分 （以上分数之和除以6）	

学习总分（产生×推广）：_____ =

　　领导者如果打算通过学习来获取组织结果，就需要鼓励员工不断地进行实践。还必须做到：在组织外不断寻找新的创意；敢于任用有不同于公司通常观点的员工；鼓励思考和创新的品质；鼓励公司内部不同部门之间的知识共享；努力减少对失败的恐惧心理；鼓励产生想法的对话；最后，对分享知识的行为予以奖励。[10]

速度

　　多数公司面对的商业环境都是不可预测、难以控制的。在这种不确定的环境下，领导者与其花大量的精力、资源去制定不确定能否成功的组织战略，还不如采取快速的行动来获取组织结果。注重速度的组织能够应对变化、敏捷行动、缩减工作周期。对所有人而言，不管是成功者还是失败者，未来都充满了不确定性。当失败者还在成立任务小组去研究应对变化的时候，他们就已经注定会失败了，因为成功者已经适应了这些变化。有些组织曾经快速敏捷，而现在却已经变得僵化顽固，缺乏灵活性和应对变化的能力。难能可贵的是，有些组织可能依然保持着自身的灵活性。

计算机行业就是这样一个变化迅速、活力无限的行业。这个领域瞬息万变，新产品处在一个极其艰难的环境中，一些公司的优秀产品在市场上昙花一现的情况也比比皆是。3Com 公司是一家计算机网络公司，公司的领导团队鼓励速度和变化，以及不断地思考不同的方法用以转变和管理公司的工作。然而，即使这些努力获得了成功，管理者对于组织的重组过程依然十分重视。3Com 公司的前任人力资源总裁德布拉·恩格尔（Deborah Engel）此前的一项职责就是向公司推荐快速进入新市场的方法。他们审视自己所处的环境，寻求新的机会，规划一个与现在完全不同的远景，维持永不满足于现状的态度，努力提升组织的速度。

昆腾公司（Quantum）是一家硬盘驱动器生产商，总部位于加利福尼亚州圣荷塞市。他们发现，速度对于保持竞争优势至关重要。如今，新硬盘的上市时间可以用月来衡量。新产品上市时间太晚不仅会丧失市场份额，还会影响到公司的经营。为了加快公司对市场的反应速度，昆腾公司的领导者和员工一起了解快速行动的重要性。公司在世界各地建立研发、设计与制造中心，并利用科技手段将各个中心联系起来。此外，在整个组织上下建立决策果断、贯彻迅速的团队。

与学习能力相似，组织的速度也可以通过完成的结果或其所采用的方法来衡量。这里的结果通常表现为产品和服务周期的缩短。比如，昆腾公司跟踪新产品上市所需的时间就是用结果来进行衡量的。衡量可以借助表4-4（通用电气和西尔斯公司就使用此表[11]）中的指标来进行。

它将帮助我们评估组织速度加快的程度。

以结果为导向的领导者应该打造一个注重行动速度的组织，所采取的对应管理方式包括：关注未来；不满于现状；行事果断；了解客户的未来预期；与员工直接沟通；借助个人信誉推动变革；等等。[12]

表 4 – 4 变革能力指标

成功变革的关键因素	评估成功变革的关键因素时所提出的问题	分数 (1 = 低，10 = 高)
谁承担领导变革的责任？	我们是否拥有这样的领导者： ● 他能够认同并支持这种变革 ● 他可以为实现变革做出公开承诺 ● 他会获取资源以维持这种变革 ● 他会投入个人的时间和精力将这种变革贯彻到底	
创建共同需要的原因是什么？	员工们是否： ● 明白变革的原因？ ● 理解变革的重要性？ ● 清楚这种变革在短期内和长期内对于他个人和公司业务有何帮助？	
塑造愿景 我们建立了怎样的愿景？	员工们是否： ● 在行动上为变革做出改变（发生变革后，他们的行事方式会有什么不同）？ ● 对完成组织变革的结果感到振奋？ ● 理解这种变革对客户和股东的益处？	
调动人们的责任心需要哪些人？	变革的发起者是否： ● 认识到还需要哪些人的支持来推动变革的发生？ ● 知道如何为变革赢得共同的支持？ ● 有能力获得组织内部关键人物的支持？ ● 有能力建立责任矩阵推动变革的发生？	
更改系统和结构如何使其制度化？	变革的发起者是否： ● 了解如何将变革与人力资源系统相连接，例如招聘、培训、评价、奖励、结构、沟通等？ ● 意识到变革对组织制度的意义？	

（续）

成功变革的关键因素	评估成功变革的关键因素时所提出的问题	分数 (1 = 低, 10 = 高)
监控流程 如何对其进行衡量?	变革的发起者是否: • 拥有衡量变革是否成功的方法? • 计划对变革从结果和过程两个方面来衡量?	
维持变革 变革如何开始并 如何维持下去?	变革的发起者是否: • 了解开始变革的步骤? • 制订短期和长期计划来关注变革? • 制订计划在长期内根据需要调整变革?	

本表格是 1992 年由通用电气公司一个设计团队开发的, 设计团队的成员包括: Steve Kerr, Dave Ulrich, Craig Schneier, Jon Biel, Ron Gager 和 Mary Anne Devanna（非通用电气员工）; 以及 Jacquie Vierling, Cathy Friarson 和 Amy Howard（通用电气员工）。

无边界

不断成长的公司组织常常会将个人、团队和部门区分开来。比如, 在等级层次上有高管和普通员工的区别, 在职责功能上有市场营销和生产制造的区别, 在经营业务上有业务一和业务二的区别, 在业务区域上有亚洲业务和欧洲业务的区别, 在定义范围上有公司和领域的区别。以上都是公司组织中普遍存在的边界的例证。对于迫切希望消除这些边界的领导者而言, 不必花费太多精力来关注个人的工作范畴, 而更应该关注个人所拥有的能力。在没有边界限制的组织里, 才华横溢的员工只需要根据组织的要求贡献自己的专业技能, 而不必在乎等级层次、职能性质、业务或职位等范畴的局限。团队合作、工作关系的连接以及扁平化的组织结构重新定义了完成工作的标准。

例如，通用电气公司从系统层面采取措施，减少了整个组织中的各种边界。公司的领导者鼓励开展所谓的"群体大会"。会上，员工同公司领导层进行互动，分享观点。随后，现场进行讨论，领导层给予答复。通用电气公司的领导者还会利用跨职能部门的团队为相同类型的客户提供服务，并邀请客户同供应商一起参与到公司的培训项目中。通用电气公司为了保证公司全球化的思维方式，在全球范围内调动和任用管理人才，而在组织内部，团队之间不论地理位置如何都能够共享信息，实现权力的分配、能力的相互提升以及统一的薪酬标准。[13]

表4-5为我们提供了一组衡量组织无边界性的指标。这些指标可以表示一个组织为了减少内部所存在的边界而采取的管理措施和行动。如表4-5所示，通过一些简单的措施，包括共享信息、强调能力、分配权力、重新分配薪酬等，就可以打破组织内所存在的四种类型的边界，包括：垂直边界、水平边界、外部边界、全局边界。运用该指标就能够精确地找到相应方法来弱化组织内的边界、增强组织能力。

表4-5　组织无边界的衡量标准

你所在公司的无边界情况如何？为每个单元打分：1～5			
信　息	能　力	权　力	薪　酬
垂直边界 从组织高层主管到底层员工共享信息，所有层次的员工对组织内部发生的事件及其原因都十分了解	不同层次的员工只需掌握他们工作所需的知识与技能	上层将决策任务逐级贯彻到最底层，最终通过底层来完成决策任务	整个组织范围内广泛地分享薪酬（货币化和非货币化的）
水平边界 组织内部不同单位之间的信息共享	根据需要，组织内部不同单位的人才可以转移	在团队、水平组织之中制定跨职能边界的决策	薪酬标准能够鼓励跨职能的工作和协作

（续）

你所在公司的无边界情况如何？为每个单元打分：1 ~ 5				
	信　息	能　力	权　力	薪　酬
外部边界	通过价值链来传递信息（包括供应商和用户）	组织内部的人才必须满足价值链的要求	价值链成员参与决策的制定	薪酬标准的依据是价值链成员所设立目标的完成情况
全局边界	信息在全球范围内进行传递	组织内部的人才能够适应全球化的竞争	决策的制定会考虑到其对全球性组织的冲击	薪酬标准鼓励全球化的思考和行动

资料来源：罗恩·阿什肯纳斯，戴维·尤里奇，托德·吉克，史蒂夫·克尔所著的《无边界组织》，机械工业出版社出版，获准转载。

以结果为导向的领导者在建立一个无边界的组织时，要确保组织内信息的广泛分享和传递，通过培训等措施提高个人技能，适时分配权力合理授权，制定清晰的薪酬标准等措施鼓励跨边界的资源共享。同时还要鼓励员工之间的相互协作而非彼此竞争，鼓励相互分享而非你隐我藏，鼓励终身学习而非短期培训，鼓励灵活多变而非画地为牢，鼓励以信任为基础的工作关系而非以角色为基础的工作关系。

责任感

组织或许能够进行自我学习、变革和消除界限，但如果缺少责任感和组织纪律，将难以获得长期的成功。责任感源自于严格的组织纪律、缜密的工作流程和强烈的主人翁意识。严格的组织纪律具体体现为：以严谨的工作态度和高度的连贯性完成工作任务，达成既定的目标，制订好计划和相关项目实现承诺。而工作流程的责任感则体现为：对工作流程重组再造以完成工作任务，减少不必要的付出，降低每个层级的成本花费。有了这样的责任感之后，员工的主人翁意识和责任感就会相应而生。领导者要培养组织的责任感，就必须不断地改善工作方式，提供高质量的产品和服务，确保所有员工能够承担自己的责任。

责任感是一种组织能力。培养责任感并不需要等级化的组织结构来催生。采用扁平化组织结构的公司也能拥有较强的责任感。这需要员工在实现目标的过程中共同承担责任。领导者可以通过多种途径来建立组织的责任感。

例如，西尔斯公司的领导者就一直努力在员工内部营造强烈的责任感。公司管理者发现，一线员工的责任心与顾客的忠诚度之间存在高度的正相关关系，因此他们开始注重提高员工为顾客服务的个人责任感。西尔斯公司开始对其23 000名超市员工进行一系列的培训。具体的措施包括：开展"群体大会"，会上员工可以分享他们所关心的问题，并且能够与他们的直接领导者去共同解决问题；通过广泛的培训，员工们对于公司业务、顾客购买模式和竞争趋势等经济学问题也开始有了一定的认识。公司还通过对超市经理的培训来提高他们指导和激励员工的能力，并为所有经理人员引入一整套的工作表现评估指标。这些指标有助于培养他们的责任感，使其努力实现财务绩效、顾客绩效和员工绩效。西尔斯公司主动采取这些措施的最终目的，就是要让公司员工慢慢地培养起他们的责任感。

表4-6中所描述的责任感指标，列举了员工在纪律、主人翁意识、职责等一系列责任感指标上的表现，其最终的效果就是提升组织责任感。员工拥有了强烈的责任感后，项目的及时交付比例和完成度、员工的生产力水平以及客户所能得到的产品和服务品质都将得到较大幅度的

提升，公司也将从中受益匪浅。

表 4–6　责任感指标

责任感项目 我的员工在下列项目上的表现如何？	分数 （1 = 低，10 = 高）
1. 按流程要求来完成工作	
2. 对组织目标具有主人翁意识	
3. 努力消除官僚作风	
4. 降低每一环节的成本	
5. 消除组织冗余	
6. 实现承诺	
7. 对所有工作活动的质量负责	
8. 接受完成任务的责任	
9. 在预算范围内按时达到工作目标而受到奖励	
10. 对完成任务所涉及的人员及其职责有着明确的预期	
总分：	

对于那些要创建组织责任感的领导者来说，他们首先要明确员工是否清楚地了解组织对他们的期望，其次领导者要确保员工能够根据这些期望来开展工作。这样，领导者就能够在全体员工内部树立他们的主人翁意识，从而让他们为建立一个纪律严明、可持续发展、有责任心的组织做出自己的贡献。

迄今为止，本章主要阐述了以结果为导向的领导者如何建立一个有竞争能力的组织。为了达到这一目的，领导者在对组织进行思考的过程中必须摆脱那些结构、形态、规则和角色等方面的限制，转而注重对于能力的思考。作为领导者必须拥有并掌握好学习、速度、无边界和责任感这四项能力，以确保组织取得长期的、可持续的成功。虽然对于一个具有未来竞争优势的组织，这四项能力并不能代表其所应该拥有的所有能力，但是这些能力的确能够增加组织获得成功的机会。

如何成为获得组织结果的领导者

以结果为导向的组织领导者，若将以上四种能力的培养作为当务之急，可以考虑采取以下的程序，共分四个步骤：

第一步：能力整合。为了获得组织结果，领导者必须确保所在的组织具备成功所需要的各种能力。事实证明前面我们所探究的这四项关键能力，即学习、速度、无边界和责任感，对于组织的成功起到了重要作用。表4-7就为我们描述了一种方法，用来判断组织是否充分运用好了这些能力。在使用这个表格时，我们要根据组织战略，给上述的四种能力进行评分，总分为100分。根据经验，每种能力的得分不能超过60分也不能低于10分。之后，将得分填到表4-7中，从而对组织所需的能力有一个大概的认识。

表4-7　对四种常见关键组织能力的评估

在既定的组织战略下，以下四种组织能力重要性如何？	分数 （10≤分数≤60）
学习：革新、产生新创意和平衡知识的能力	
速度：灵活行动能力、应变能力、行动迅速、缩短周期时间、反应敏感和有韧性	
无边界：团队内部和跨组织单位之间的协作能力，以及构建虚拟组织的能力	
责任感：遵守纪律、重组工作流程、鼓励主人翁精神等一切有助于结果导向的能力	
总分：	100

不同的组织经营策略，就会有不同的得分。例如，处于快速变革行业中的公司需要足够的灵活性和应变能力来适应竞争、保持优势，因而他们在速度和学习方面的得分会高于责任感的得分；而对于以成本为导向的公司，他们可能会更加关注组织的责任感。这四种组织能力本身不存在重要性的差异，具体的权重分配完全取决于组织的经营策略。这些得分和相应的权重分配反映的是时间和资源等"管理注意"在这四种能力间的分配情况，同时也显示出了组织能力与组织战略的协调情况。

第二步：能力提升。本章为领导者提供了很多方法用来提升组织所需要的能力。只要领导者加大投入、采取实际行动提升组织能力（包括学习能力、迅速行动的能力、消除边界、激发责任感），就能够打造具有竞争优势的组织。

第三步：能力衡量。表4-3~表4-6中所列举的诸多指标可以给以结果为导向的领导者建立一个可靠的机制，用以跟踪四类关键的组织能力。对这些指标加以运用和监视，领导者同样可以获取关于组织能力状态的信息并对状态进行控制。依靠这些组织能力，领导者就能跟踪公司包括财务状况在内的其他指标和结果。

第四步：采取行动。从根本上说，以结果为导向的领导者之所以能够打造出一个成功的组织，在于他们对组织本质的不同理解。组织的结构和系统特征变得越来越弱，其能力特征却越来越强。这样的观点让人们在讨论组织时更多地关注组织获得成功所需要的能力，而不是员工角色、组织规则和责任感。领导者在考虑四种能力孰轻孰重时，其实就是在协调组织的战略与能力、整合组织的管理措施与能力。

　　把能力视为构建组织的基本要素，以结果为导向的领导者就可以倾注其全部的精力和资源来打造和提升组织能力。这样的领导者所关注的不仅仅是在员工、顾客和投资者方面获得的结果，而且更会注重对组织的塑造以获得更长久的发展结果。他们留给组织的是比他们接任时更强大的组织能力。

第五章

顾客结果：创造企业价值

目前为止，我们所讨论的两种结果都能提高公司的整体业绩。员工结果通过提高人力资本来提高公司业绩（第三章），组织结果通过培养组织能力来提高公司业绩（第四章）。这两种结果的着重点都是公司内部的利益相关者，但本章的主题——顾客结果则将重点转移到公司外部的利益相关者。不论领导者创造了多少人力资本和组织能力，如果公司顾客不欣赏或者不重视其提供的产品，顾客结果就会不符合标准。

重视顾客的领导者会创造企业价值。企业价值这个概念源于两种与其密切相关的思想。第一个来源是市场，市场明确显示有较高品牌识别度的产品（像可口可乐、麦当劳），不仅销量高而且还有产品溢价。比如说，一升依云牌的瓶装水，其价格比不知名的或者没有商标的矿泉水的价格高出 25% ~30%。[1] 这一现象也见于机场，机场放弃那些不知名的品牌，引进著名的餐饮品牌，像麦当劳、塔可钟（Taco Bell）、辣椒之家（Chili's）、汉堡王（Burger King）和必胜客等作为食品供应商，机场的餐饮销售额也随之增加。产品品牌深刻地影响着顾客对公司产品的反馈。[2]

  企业价值的第二个来源是企业文化,[3]企业文化通常代表着公司里的规范、设想、价值观和其他现象。企业文化是员工的行为规范,如果公司的领导层能够将企业的价值观念清楚地表达出来并且印制成文,那么这些成文的观念就会在实际工作中得以执行。拥有浓厚企业文化的公司通常能够取得更高的业绩,因为公司的员工总是很看重自己的工作内容和工作方式。[4]

  企业价值这个概念包括产品品牌价值和企业文化两方面的内容。价值指的是潜在购买者对一种资产的出价。[5]比如说,房屋价值指的就是一栋房子的市值(当前购买者出的价钱),而不是房屋最初的买入价。有些顾客可能会重视公司的产品品牌,赋予这个品牌特定的价值,但他们也有可能很重视与公司的商业往来,却并不是因为公司特定的产品,而是出于一种忠诚度。这种忠诚度来自于公司的服务、信任和其他因素。忠诚度又组成了我们所说的"企业价值"。换言之,品牌价值关键在于产品,企业价值关键在于企业。同样,企业文化也是如此,企业文化之前的定义是企业价值,而今定义更多的是企业在顾客心中的识别度。企业价值源于企业成功地执行商业策略,而这个商业策略把产品品牌融入了整体文化中。

  例如,零售商诺德斯特龙(Nordstrom)因其浓厚的企业文化而备受称赞。总的来说,这意味着诺德斯特龙的员工对公司的价值观、规范和设想具有强烈的认同感,公司也因此在多个方面受益,例如员工高度的忠诚度和凝聚力,以及管理成本的降低(公司普通员工与领导者的数量比例出乎寻常地高)。结果,诺德斯特龙公司在单位营业面积上的收益位于行业之首。诺德斯特龙公司主要通过雇用特定类型的人员和提供较高薪酬等管理方法来加强公司自身的文化。以上就是关于诺德斯特龙公司企业文化的讨论。

但这个故事有更深层次的含义。尽管员工凝聚力是企业文化的重要组成元素，但高水平的企业价值也是企业文化的重要构成因素之一。诺德斯特龙的企业价值来自于顾客将其视为一个整体，而非具体商品的卖家。如果你问一个身着诺德斯特龙服饰的人，他穿着的衬衫、裤子或者鞋子是什么品牌的，他可能都不知道或者不在意，但他知道诺德斯特龙这家公司。对于那些品牌忠诚度高的顾客来说，诺德斯特龙代表着服务和质量。当这种身份在顾客中形成共识的时候，就构成了企业价值。

家乐氏（Kellogg's）公司的总裁卡洛斯·古铁雷斯（Carlos Gutierrez），所推行的领导方式也十分注重公司价值。体现家乐氏的品牌价值的产品包括玉米片、大米脆片等即食谷物产品，还包括欢乐馅饼、爱果威化饼等方便食品。公司一直以来都把这些产品和其他类似产品作为不同的品牌进行管理。现在，家乐氏公司的领导者开始考虑整合所有品牌，从而对所有产品进行统一的管理。如果家乐氏公司的新产品与现存产品能够成功地整合为顾客心目中的统一品牌，那么家乐氏公司就能够实现其公司价值，从而使顾客结果达到更高的水平。

顾客结果源于较高的企业价值。领导者要理解和影响他们的顾客，以让他们创造企业价值，这个挑战他们必须面对。当他们创造了企业价值时，那么顾客不仅会对产品满意，而且也会对公司更加忠诚。[6]这样，顾客对公司的亲密度也会随之增加，[7]员工和顾客之间也会形成和谐统一的关系。[8]

企业价值这个概念对于那些必须平衡内部员工和组织的需求与外部消费者的期望之间的关系的领导者而言意义重大。举个例子，就在一年前，某全球性的汽车零部件供应商的副总裁楚埃·卡斯塔涅达（Chuey

Castaneda）在公司发起了新一轮的业务流程再造活动，他期望通过这次活动来提高公司的盈利。在公司运作貌似最终趋于稳定之时，卡斯塔涅达接到了大客户的电话，抱怨公司削减成本的举措收效甚微。

卡斯塔涅达决心提高送货速度，并将其作为公司的特色，虽然赶超了竞争对手，但这也提高了送货成本。公司的再造小组决定减少每个月的船运次数来降低成本，但这使其运输日程与竞争对手趋于一致。结果，大客户抱怨他们跟竞争对手相比毫无优势可言，还警告说，如果不能恢复到削减成本之前的运作状态，就会考虑其他供应商。卡斯塔涅达考虑这个形势，开始意识到公司陷入无法盈利的局势，要么公司没有盈利，要么公司开始流失顾客。

类似于卡斯塔涅达的困境并不少见。为了提高效率，他的公司去掉了多余的部分，但也削减了核心部分，这让顾客觉得公司比较平庸。公司要避免这个陷阱就需要对企业价值有清晰的认识。只有公司在内部管理上所采取的重组措施和其他变革使外部顾客对公司产生良好的印象时，企业价值才会随之提高。卡斯塔涅达的公司在削减成本的过程中，应该重视企业价值、地位和形象在顾客心目中留下的印象。如果公司意识到运输策略的改变会降低公司的识别度，削弱顾客的忠诚度，那一定会采用截然不同的削减成本的方法。为了改正错误并且杜绝类似事件再次发生，公司领导做出的改变必须有利于公司品牌的建设和维护，这一改变会使企业文化更浓厚，而且也会确保公司将来的举措有利于维护企业品牌和形象。企业价值就是在这种相互促进的循环中建立起来的。

本章探讨了如何利用企业价值来创造顾客结果的方法，描述了公司在维护利润的同时如何同时维护与顾客的独特关系。为了获得顾客结果，公司领导者必须打破商业中所固有的三个神话并面对三个新的现实。

神话 1：顾客永远是对的

识别伪顾客

"顾客永远都是对的"，这意味着商家应该做任何事来取悦顾客，但公司坚持这种思想反而会减少顾客结果。事实上，并不是所有的顾客一直都是对的，有些顾客甚至可能是完全错误的。如果领导者听信了错误的言论，他们就可能得不到期望的顾客结果。领导者需要学会如何分辨那些伪顾客。

哈雷·戴维森公司的故事给予了我们一定的警示。几年前，该公司开始生产和销售越野摩托车，可以在泥泞和沙漠环境中比赛和跳跃，摩托车车手则全副武装，戴着头盔和护胸，穿着厚裤子和高帮皮靴。起初，公司的摩托车销量可观，毕竟越野摩托车也是摩托车的一种。然而，今天的哈雷·戴维森公司在顾客心目中已经树立了深刻又独特的形象。哈雷在顾客心中就是一辆带有特定外观、感觉和声音的大摩托车，骑哈雷摩托车就意味着要穿皮衣、戴印花大围巾，开始骑一段漫长又弯曲的高速路。哈雷摩托车底盘较低，发动机声音低沉，"Fat-Boy"系列的哈雷摩托车发动起来的时候，就会发出嘶哑咆哮又来者不善的声音，哈雷摩托车是"成人"驾驶的摩托车。

哈雷摩托车发动机的声音与本田（Honda）、铃木（Suzuki）或雅马哈（Yamaha）越野摩托车发动机的声音截然不同。250cc 两冲程本田摩托车发出的短促声音就像蜜蜂的嗡嗡声。人们通常把越野摩托车看作是孩子驾驶的摩托车，是用来跳跃的，而哈雷摩托车是用来巡游的。出于这个原因和其他一些原因，哈雷·戴维森公司退出了越野摩托车行业，尽管越野摩托车生意有利可图，但是它却给哈雷公司真正的顾客传达了令人困惑的信息。无论哈雷越野摩托车的性能如何优越，也无论其顾客和潜在顾客的数量如何之多，哈雷公司只有退回到其擅长的领域，才能保持住它在主要顾客心目当中的独特形象。

只要不是公司的主要顾客或潜在顾客，就算是伪顾客。对哈雷·戴维森公司而言，越野摩托车和公路摩托车的买家都是潜在的主要顾客。但是，只有通过专注一个顾客群体而非两个客户群体，哈雷才能具有独特性。伪客户会诱导领导者走向平庸，他们表现得像买家，但他们并不是长久的顾客。当一家公司始终如一地展现一种形象，并且年复一年地致力于生产与其形象和承诺相符合的产品时，这家公司就能拥有一大批长久顾客。

为了获得更好的顾客结果，公司必须找准他们的目标长久顾客，然后提供符合顾客期待和要求的一流的产品和服务。那么，其中一些顾客就会因此创造出企业价值。哈雷的目标顾客是想体验哈雷风格的顾客，哈雷希望并且努力在目标顾客中创造企业价值。

如今顾客理论的观点大多建议公司把风险分散到更多潜在顾客的头上，以此在反复无常的经济中求得生存。其实并非如此。虽然从理论上来说，每家公司都能服务顾客，但如果一家公司想要创造企业价值，它就必须能够为某些顾客提供比竞争对手更好的服务。如果公司领导者觉得顾客就是花钱买产品或服务的人，那他就会做出错误的商业决定。

不要同时追逐两只兔子

"顾客永远都是对的"，这个神话的第二个内在威胁可以用一句古谚语来概括，即"同时追逐两只兔子的人，一只也不会逮到"。这句谚语在商业中同样适用，一家公司不可能同时追到两只"兔子"。现已倒闭的美国人民捷运航空公司（People Express）就是个恰当的例子。人民捷运航空公司是由唐纳德·伯尔（Donald Burr）创建的。作为一家区域性的航空公司，人民捷运航空公司开通了东海岸各城市间的廉价航班。公司的目标客户定位也非常清晰：愿意放弃洲际航空公司的豪华服务而青睐廉价机票的东海岸旅客。人民捷运航空公司最初将灰狗巴士公司（Greyhound Buses）视为自己的竞争对手，而非其他航空公司，因为人民捷运航空公司的目标就是为旅客提供简单的服务，体验类似于巴士，价格低于其他航空公司。

虽然人民捷运航空公司的廉价航班取得了前所未有的成功，但这种成功又加速了公司的倒闭。公司开始不满足于它的原有客户群体，而是想争取所有选择其他航空公司的旅客，尤其是那些预算高的商务旅客。于是，人民捷运航空公司通过提供午餐、晚餐和头等舱等增值服务来吸引这些旅客。显然，如果机票价格不变，公司就无法提供这些额外的服务，所以它就提高了机票价格。虽然人民捷运航空公司的机票依旧比竞争对手便宜，但也比之前的定价高，而且随着旅客人数的增多，成本也在随之增加，机票价格也在不断上涨。不久，人民捷运航空公司就直接与联合航空公司（United Airline）、美洲航空公司（American Airline）以及达美航空公司（Delta Airline）在航运市场上直接展开了竞争。但不幸的是，由于人民捷运航空公司的低价位、区域性航空公司的形象，顾客在机票价格相同的情况下大多会选择联合航空公司，而不是人民捷运航空公司。很快，人民捷运航空公司就宣布破产倒闭了。

相比之下，西南航空公司的结局与其截然不同。[9]西南航空公司的客户群体和人民捷运航空公司相同，只是其飞行的区域有所不同。西南航空公司将自驾游视为主要的竞争对手，而不是其他航空公司。西南航空公司通过不断地改进运营系统，为旅客提供简洁经济的飞行服务，至今它仍然是全球最成功的航空公司之一。

努力为所有顾客提供所有服务的观念，让公司领导者无法创造企业价值。领导者只有更重视目标顾客或者说真正的顾客，才能创造公司价值。

现实1：有些顾客比其他顾客更有价值

选择真正的顾客来创造企业价值，这是公司领导者所面临的挑战。在伪顾客群体中产生的企业价值不会带来任何顾客结果。选择正确的顾客就像购房者挑选合适的房子一样，房屋构造、社区环境、社区学校、社区声誉、税收、购物便捷程度、户型等因素都对房子的升值有一定的影响。公司领导者在选择顾客的时候也需要有类似的标准，这样选出的顾客才是真正的顾客群体，才能为公司创造出更多的价值，这群顾客才能更长久地忠于公司。领导者评估顾客并着手建立稳定的公司价值，通常需要采取以下两个步骤：顾客细分和个性化服务。

顾客细分

顾客细分是指领导者对公司最有价值的顾客进行界定和识别。对顾客进行分类是领导者工作的第一步，只有这样领导者才能了解不同群体客户购买公司产品的原因，并根据这种认识来进行投资和生产。例如，哈雷·戴维森公司就选择了那些具有男子汉气概的顾客作为其目标客户，而放弃了越野摩托车驾驶者；西南航空公司选择那些追求物美价廉的旅客作为其目标客户，而放弃了那些追求舒适体验的旅客。领导者必须从大量的顾客中挑选出极少数具有长期忠诚度且符合公司标准的顾客来创造顾客结果。

为了界定顾客类别，公司需要根据顾客的需求和他们为公司带来的利益进行分类，这样公司就可以从中选出它所要服务的顾客群体。顾客细分的方法有许多种，以下是几种最有用的方法：

- 价格。以西南航空公司为例，公司可以运用价格策略确定顾客群体。
- 形象。以哈雷·戴维森公司为例，可以运用企业形象来获得客户的认同感。这种类型的企业价值会使顾客购买许多与企业形象相符的产品。比如说，哈雷的衣服和餐饮品牌就提高了其整体的企业价值。
- 地理位置。以沃尔玛为例，沃尔玛成立之初旨在服务郊区顾客，其连锁店大多建在郊区，因为那里没有其他大型零售商与之竞争。随着公司的壮大，沃尔玛继续保持它的位置倾向，选择在某一城市开多家连锁店，而不是在许多城市各开一家连锁店。沃尔玛通过这种地理位置的方法细分了顾客。
- 口味。以可口可乐为例，可口可乐公司发现顾客对产品的口味有强烈的偏好，所以可口可乐公司提供了许多口味的可乐，像原味可乐、健怡可乐、去咖啡因可乐以及樱桃可乐。可口可乐现在有16种口味，每种口味的可乐都代表了不同顾客群体的口味偏好。
- 技术。以戴尔公司为例，戴尔公司发现许多买家喜欢在网上订货，于是公司就为直接来戴尔买电脑的顾客制作了简单易用的订单表格。其他的电脑公司，像康柏，则更多地依赖于按库存配售和按产品目录销售的老办法。
- 渠道。在产品链中，有些顾客亲自购买产品，有些依靠批发商或第三方来购买产品，有些则依靠科技来购买产品。[10]许多公司选择其中的一两种渠道，从而更好地服务于目标市场。

  一家电子公司通过运用顾客细分的方法研究了其顾客群体，惊讶地发现：公司 20% 的顾客为公司创造了 80% 的收益。在制订公司未来四年年均增长 25% 这一计划时，领导者发现，公司要想达到这个目标，通过针对 10 位目标客户集中服务来获取收益的方式远快于为所有客户服务的方式。图 5-1 描述了领导者所采用的目标客户分类方法。图 5-1 的横向表示顾客在整个产品市场上的购买量，纵向表示顾客对目标公司产品的购买量。[11] 这种顾客分类方法有助于公司对所有顾客进行识别，从而针对不同的顾客群体采取不同的措施：例如，"留住"（不惜任何成本）、"获得"（重视并追求）、"维持"（维持，但考虑成本）、"放弃"（不必花费精力来维持）。目标客户群体对公司达到增长目标具有极其重要的作用，当公司完成对这些目标顾客的定位后，公司就会投入时间和精力来了解和服务这些顾客，即使这会让公司面临失去其他顾客的风险。

顾客在整个产品市场上的购买量

	高 （从市场/产品区域 购买大量的产品）	低 （从市场/产品区域 购买少量的产品）
高 （从目标公司购买 大量的产品）	1 留住 （不惜任何成本来 维持住这些顾客）	3 维持 （维持这些顾客， 但考虑成本）
低 （从目标公司购买 很少的产品）	2 获得 （重视、追求并 争取这些顾客）	4 放弃 （不必花费精力 来维持）

（纵轴：顾客对目标公司产品的购买量）

图 5-1　顾客细分矩阵

顾客细分的方法能够帮助领导者辨别哪些顾客群体是需要留住的，哪些是需要积极争取的，哪些是需要放弃的。

个性化服务

个性化服务突破了顾客细分的范畴。[12] 通过顾客细分能找到对公司有价值的顾客群体，而个性化服务则将公司的注意力转移到每一位有价值的顾客身上。顾客细分和个性化服务可以结合使用，来辨别真正的顾客和伪顾客。

例如，李维斯为某顾客群体设计了 Dockers 休闲裤系列。目标顾客主要是那些相对富裕的中年男士，他们想要一种舒服的裤子，这种裤子比蓝色牛仔裤更考究，但又比西裤更休闲。这种顾客细分战略取得了极大的成功，Dockers 系列在市场上的销售也获得了成功。现在，李维斯也开始采取个性化服务战略，利用先进的技术来为顾客测量尺寸，然后将测量数据传送到世界各地的生产工厂，相应尺寸的裤子生产出来以后，就可以直接送到顾客手中。顾客细分为李维斯带来了新系列产品，新系列产品又吸引了一些顾客，个性化服务则重点服务这些顾客。

许多企业都有能力提供个性化的产品或服务。顾客可以选择裤子的颜色或图案，然后将素材提供给生产商，最后工厂再配送。航空公司通过"飞行常客项目"可以为航空公司常客提供个性化服务，这让航空公司能够建立旅客档案，为旅客提供优先选座权、特别用餐等。

利用客户的档案数据，许多公司开始与大量目标顾客建立个性化服务关系。以西尔斯公司为例，它通过信用卡数据库来获取大量的顾客消费信息。西尔斯公司通过这些信息来分析客户的消费习惯，这能帮助其预测顾客的消费需求。如果一位顾客购买了婴儿床、蓝色的婴儿装和新生儿尿布，那么西尔斯公司就能推断出这位顾客刚生育或者近一个月内会生小孩。那么未来的 18 年，这个成长中的婴儿就成为西尔斯公司市场营销和计划的对象。当婴儿长大入学，他需要校服和文具，需要买特定的玩具以及一些体育用品，等他长大后还会购买汽车。西尔斯公司能将存储的数据转变成个性化的信息，从而有助于公司采取个性化的服务方式来满足顾客的需要。

那些致力于实现顾客结果的领导者会发现，对于公司来说，并不是所有的顾客都是同等重要的，有的顾客比其他顾客更有价值。通过采取顾客细分和个性化服务的方式，领导者不但能够识别出对于公司成功具有重要意义的顾客，而且能将注意力集中在这些顾客身上，从而创造公司价值。

如果卡斯塔涅达的汽车零部件供应公司使用顾客细分和个性化服务来分析，它会认识到，尽管公司必须进行业务流程再造，但它承受不起失去主要顾客的风险。虽然业务流程再造有助于降低成本，但却会削弱顾客价值。而且，公司在采取行动之前应该咨询主要顾客以避免问题的发生，因为只有主要顾客能向公司提早指明业务流程再造会有害于而非有助于公司价值的创造。

领导者应该不断地评估他们在正确的顾客群中创造企业价值的程度。利用图 5-1 顾客细分矩阵，领导者可以轻易地从公司目前和潜在的客户群中辨别出哪些是公司的真正客户。虽然领导者可以从实践中学到很多，但图 5-1 中有两个单元尤为重要。单元 4 提醒领导者，对于某些顾客或公司业务，公司没有必要花费太多精力。单元 2 帮助领导者识别公司的主要或目标客户，因为这些客户与公司之间的业务有增加的潜力，公司价值肯定也会因为这些客户而得到提高。

神话 2：取悦所有顾客

在商界，另一个匪夷所思的教训是：如果一家公司努力"取悦"所有顾客，那么它就会陷入困境。当然，这个神话取决于领导者如何定义"取悦"。但是，如果领导者认为"取悦"意味着所有顾客都想被娇宠纵容，那他就危险了。领导者应该知道在目标顾客心中"愉悦"到底意味着什么。以克拉克设备公司（Clark Equipment Company）为例，它曾因生产高品质叉车而闻名一时，其产品被誉为叉车中的"凯迪拉克"（Cadillac）。在 20 世纪 60 年代和 70 年代，克拉克设备公司占据了叉车行业的大部分市场份额。但在 1977 年，一家日本公司进军全球叉车市场，生产的不是叉车中的"凯迪拉克"，而是叉车中的"本田思域"（Honda Civic），这种叉车既便捷耐用，又价格实惠。

对于克拉克设备公司，不幸的是，它的顾客更喜欢便捷又实惠的叉车。顾客试图向克拉克设备公司的领导者反馈他们的偏好，并且承诺如果克拉克生产与日本叉车一样有竞争力的便宜的叉车，他们就会继续购买美国叉车。但在这个关键时刻，克拉克设备公司的领导者不相信顾客的反馈，他们想继续生产性能更好、价格更高的叉车来"取悦"顾客。慢慢地，克拉克设备公司不可避免地濒临破产。

领导者经常会被误导而采取一些措施，表面上他们在努力"取悦"顾客，但实际上，他们却在浪费资金，也忽视了客户的需求和关注。再举个例子，某家全球性商业用纸制造商开始提出退款保证：顾客如果对纸张不满，可以退还纸张并拿到退款。该公司采取这一承诺措施的时候，正以由需求决定的市场价销售公司所能生产的各种纸张。在造纸业，由于纸张的质量水平是预先设定的，所以公司想要取得成功就必须保持低生产成本。这种针对低端客户的承诺并不能激起其他客户的购买欲望，尽管公司内部的领导者可能对此十分欣赏，但客户对此却并不在乎。退款承诺增加了管理成本，公司的获利能力也随之下降了。

通过剖析神话1，我们发现不是所有的顾客都是同等重要的；通过剖析神话2，我们发现即使同样是目标顾客，他们的购买标准也会存在不同。哈雷生产个性化的摩托车的时候，公司发现目标顾客有不同的购买标准，有些倾向于有长期保修合同的摩托车，有些喜欢买车时附带的哈雷服装，还有些喜欢成为摩托车俱乐部的会员。因此，领导者只有了解目标顾客的喜好，才能创造企业价值。

现实2：取悦目标顾客

领导者要想获得顾客结果，建立企业价值，首先要了解并且确保公司员工也了解顾客购买产品或服务的原因，其次要确保顾客获得理想中的体验。要实现这一点，公司员工不仅要应付目前的订单，还必须了解顾客的购买习惯以及公司现在和将来是如何满足顾客需求的。只有目标顾客心目中认同企业独特的文化，企业价值才能得以建立。而对目标顾客的了解则是建立企业文化和公司品牌的基础。

要成功地取悦目标顾客，公司应该拥有顾客五项价值主张（在前面第二章中有所讨论）中的一项：

- 成本。我们产品的生产成本要比竞争对手更低，才能够使我们的产品在价格上更具有竞争优势。或者说，如果我们的运营成本比较低，因为产品的价格相对固定，所以就可以比竞争对手赢得更多的利润。

- 质量。我们的产品或服务在质量上优于竞争对手。
- 速度。我们运输产品或提供服务的速度比竞争对手快。
- 服务。我们的服务更便捷，商务模式更符合顾客的口味。
- 创新。我们的产品比竞争对手的产品更新奇、更创新、更先进。

每家公司在五项价值主张中的某一项应明显优于竞争对手，这种独特的优势是目标顾客购买公司产品或服务的主要原因。当顾客在公司这里得到他们期望的价值，而且公司员工也知道顾客价值对其行为的影响时，企业价值才会增长。

向目标顾客传达先进的价值理念，会让目标顾客关注公司。因此，公司应该在上述五项价值主张中的某个方面加大投入以达到世界级标准，并且还要采取各种措施来维护公司在这方面的声誉。此外，公司不能够忽视其他的价值主张，这些价值主张也要保持必要的竞争力。一家公司在其他领域的表现至少要达到行业平均水平。如果一家公司在任何一个价值领域的竞争力都落后于行业平均水平，那么无论其提供的核心价值具有多么强的竞争力，顾客都会认为该公司不适合做这一行业。这会为公司带来竞争劣势。

比萨行业的实例就充分说明了顾客价值主张的动态变化。达美乐比萨（Domino's Pizza）明确提出公司的竞争优势是速度，它承诺半小时内送货上门，否则比萨免单，所以达美乐的主要顾客希望比萨能够即刻送到。显然，达美乐不能降低比萨的质量，也不能聘用鲁莽的抢单员和送餐员。除了速度以外的其他竞争力必须保持在行业平均水平，否则达美乐的顾客就会去其他地方买比萨。即使它送餐非常快，但如果味同嚼蜡，那么达美乐也会面临失败。然而，如果达美乐不仅送货速度快，味道跟一般比萨也差不多，那么达美乐就能赢得一定的市场份额。

小凯撒比萨（Little Caesar's Pizza）的竞争优势是低廉的价格，旨在提供市场最低价的比萨。小凯撒比萨的主要顾客是这样一群人，他们或是需要集体订餐，或是对味道不挑剔，或是需要在路上吃而不能细细品尝。即使小凯撒比萨在价格上最有竞争力，它也不能忽视其他领域必要的竞争力。比萨的质量保持在合理的水平，顾客服务水平要合格，甚至更好。小凯撒比萨之所以能在比萨行业占据一席之地，正是因为它的比萨最便宜，而且质量和服务也不错。

胜百诺（Sbarro）是一家意大利餐厅，位于全美各大高档购物中心，出售高档的比萨和其他意大利食物。胜百诺为顾客提供舒适的桌椅和优质快捷的服务，但价格要比那些专营比萨的竞争对手高。胜百诺在其选定的竞争领域取得了成功，因为它提供比竞争对手更为优质的比萨以及其他意大利食物。

为了保持一定的市场份额，公司一定不能忽视自己的竞争优势或主要顾客的价值主张。除非小凯撒要树立全新的企业形象，否则它不应该与达美乐比速度和送餐服务，也不应该与胜百诺比产品种类和质量。它必须继续为顾客提供一贯的低价服务。另外，如果其他全美性的连锁企业也试图利用低价的方式来竞争市场份额，那么小凯撒就会面临严峻的考验。如果出现这种情况，结果就是双方展开价格大战，都试图通过降价来排挤对手，毫无疑问，最终的赢家就是成本最低的那家公司。

确定公司的价值主张后，领导者所面临的任务就是向公司员工反复灌输这些价值主张与顾客之间的关系。惠普研发部门的前领导者查克·豪斯（Chuck House），曾经这样来描述他对那些十年前在惠普研发部门工作的科学家们的第一印象："他们对购买公司产品的工程师的需求一无所知。"对于这种现象，豪斯要求惠普的科学家们停下手中的所有研究工作，实地拜访他们的顾客，并参加专业研讨会。尽管惠普的科学家们对此进行过抵制，但这种抵制是徒劳的。豪斯的建议最终获得了推行，他要求科学家们的实地考察时间必须达到三个月，否则不允许他们返回公司的实验室。这一措施的明确目的就是要通过持续的参观拜访和会议来充分了解顾客，如今，这已成为惠普研发的基本要求。惠普研发人员对其工程师顾客的深入了解，为公司的产品创新开辟了新的途径，因为产品创新基于对顾客的了解。

耐克公司的领导也不断地向外界展示它对顾客的了解。耐克的目标顾客是训练强度大的运动员，其他顾客都是耐克的伪顾客，包括成千上万经常购买耐克衣服、鞋子和运动设备的顾客，他们之所以也购买耐克，是学那些运动强度大的运动员。耐克公司并不会根据这些伪顾客的需求来调整产品的规格。耐克公司的主要顾客价值主张就是对产品不断地进行创新，领导者知道公司所销售的产品具有很高的质量水准，并且相信通过新颖的"in-your-face"形象和相应的广告宣传，公司能够取得最佳的市场表现。然而，耐克公司却在产品及其相应的形象与广告创新之间保持一定的距离。

作为公司创新平台的一部分，耐克公司研发出了具有独家专利的气垫鞋底技术，但耐克公司并没有对这项专利技术进行宣传，而是宣传了一种形象，着重宣扬耐克追求高性能产品的精神或哲学。这一方法获得了成功，原因就是耐克了解自己的顾客。

定义价值主张

表 5-1 中的内容有助于领导者评估其对公司自身的价值主张以及

对竞争对手的价值主张的了解程度。为了创造企业价值，领导者必须以符合公司价值主张的方式来创建企业文化和品牌，表5-1对这一过程进行了概括。

下面列出的步骤和问题能指导领导者高效地完成表5-1。在我们浏览下列步骤之前，先来评估一下公司对五项基本的价值主张的适应性，如果有必要，还可以增加其他一到两项价值主张，并将其加入到表5-1中左侧纵向表格的下方。

表5-1 定义价值主张

价值主张	阶段1：员工 * 每种价值主张的重要性如何？我们实现这些价值主张的能力如何？（1分表示低，10分表示高）				阶段2：顾客 * 每种价值主张的重要性如何？顾客如何看待我们公司的这些价值主张？（1分表示低，10分表示高）				阶段3：竞争对手 * 每种价值主张的重要性如何？我们的竞争对手如何实现这些价值主张？（1分表示低，10分表示高）			
	相关重要性（共100分）	A	B	C	相关重要性（共100分）	A	B	C	相关重要性（共100分）	A	B	C
成本												
速度												
服务												
质量												
创新												
（其他）												
（其他）												
	总分100				总分100				总分100			

＊ 为了达到测试目的，"员工"主要是指那些负责预测和满足顾客需求的关键员工团体（例如，高级管理人员、销售或营销经理、产品研发小组）；"顾客"主要是指公司根据销售、新产品或服务的激励、其他重要标准选择的最为重要的三个客户；"竞争对手"应该是指那些对公司造成最大威胁的竞争者。

第一步：根据公司的主要价值主张来评估公司当前的能力

为了完成这一阶段的评估，你需要询问不同的员工群体（例如，高级管理人员、研发人员或营销人员）来考虑和回复以下问题：

1. 在表中所列的五项价值主张（或其他）中，每项价值主张对我们的目标顾客的重要性如何？（各项价值主张的分值总和为 100 分，答题者需要给每项价值主张打分，哪项分数最高说明在员工心目中顾客对这项价值最为重视。）

2. 目前，我们实现各项价值主张的能力如何？（员工对各项价值主张进行评估，1 分表示低，10 分表示高。这些分值体现了员工对公司价值实现能力的自我评估。）

第二步：邀请目标顾客来评估价值主张

目标顾客可以确定他们自己的价值主张和公司价值主张的完成情况。图 5-1 中的顾客细分矩阵可以帮助你选择合适的顾客来进行采访。选出三位顾客后，再问一遍你刚才已经问过员工的那两个问题：

1. 在你购买商品时，这五项价值主张（或其他）对你做购买决定的影响如何？（各项价值主张的分值总和为 100 分，分值体现了顾客对某项价值主张的重视程度。）

2. 目前，这家公司实现各项价值主张的效果如何？（顾客对各项价值主张进行评估，1 分表示低，10 分表示高。这些分值体现了顾客对公司价值实现效果的评估。）

对于公司各项价值主张的重要与否以及价值主张的实现成功与否，员工和顾客都有各自的评估，对比他们的评估结果，我们可以得到许多启示。如果两方的评估结果是相似的，说明公司一切运行正常；但如果评估结果差异很大，就说明公司可能存在问题。一家石油服务公司就是通过这个测试才发现公司员工对顾客价值的了解程度只有 70%。实际上，公司员工的级别越高，他们对顾客的了解程度就越低。领导者通过第一步和第二步的测试可以很快发现他们公司的顾客价值实现程度究竟如何。顾客对第二个问题的回答也有助于领导者从顾客的角度来判断公司的优势和劣势。

第三步：评估竞争对手的价值主张

最后一个步骤是对竞争对手进行评估。我们可以通过采访者的回答来了解竞争公司的主要价值主张有哪些，这些价值主张的重要性如何，以及采访者对竞争对手实力的评价。在进行测试前，首先，公司领导者必须找出特定市场中的主要竞争对手有哪些。因为不同的竞争对手满足顾客需求的侧重点各不相同，所以他们的价值主张也会有所不同。其次，领导者还要判断这些竞争对手有哪些主要的价值主张。最后，邀请员工和顾客回答以下问题。

1. 在五项（或更多）价值主张中，每项价值主张对竞争对手的重要性如何？（各项价值主张的分值总和为 100 分，每项分值表示了答题者对竞争对手为他们的顾客提供的产品和服务的评价。）

2. 竞争对手最近所实现各项价值主张的效果如何？（这些分值的高低排列体现了答题者对公司竞争对手实现价值主张能力的评估，1 分表示低，10 分表示高。）

虽然这些评估也只是在已知的猜测基础上对情况进行了解，但是测试评估的结果可以帮助领导者对公司业绩突出的主要竞争对手有一个客观的认识，并帮助领导者寻找新措施以应对竞争。

这样的综合测试评估可以分步骤实施（比如，先从员工开始，之后是目标顾客，最后是竞争对手）。测试评估所收集到的数据，可以帮助领导者发现机会并建立公司的价值。一旦领导者清楚地了解了目标顾客的价值主张，他们就可以采取相应的管理措施来确保这些价值主张能够完全融入公司运营管理流程中，从而促进公司价值的增长。

顾客价值的衡量

当把公司价值视为重点的时候，许多传统的评估公司与顾客联系程度的方法，例如市场份额等，可能就不再适用。财务上的衡量手段也只能起到事后诸葛亮的作用，它评估的是公司过去的业绩表现和领导者已实现的顾客价值，但并不能揭示领导者在顾客身上所要努力实现的东西。因此，财务衡量本身只是一种不全面的顾客结果指标。从另一个方面来讲，价值主张为公司提供了一种有效的、新的衡量手段。

正确地衡量顾客价值首先要从顾客的观点出发，公司领导者需要尽可能地从目标顾客的角度来回答以下问题：

- 我（目标顾客）对价值如何定义？
- 对于某项既定的价值主张，我（目标顾客）如何知道某公司能比其他公司创造更大的价值？
- 是什么促使我（目标顾客）坚持购买和使用某一公司的产品和服务？

从顾客的价值定义出发，由外及里地确定衡量方法，有助于公司领导者将他们在顾客结果方面的工作集中到满足目标顾客的需求上来，从而创造公司价值。现在我们分别从五个方面的主要价值主张来进行阐述。

成本

一般我们会利用单位成本，即某一特定商品和服务的成本，来衡量公司成本。而在考虑顾客时，我们采用的成本概念则是某一产品的使用成本，也就是利用总成本来衡量。例如，斯科特纸业公司（Scott Paper Company）利用的就是使用成本，而不是利用单位成本来衡量公司的外包业务。公司客户购买盥洗室用品来装备办公场所、机场、宾馆酒店、体育馆和其他公共场所等，单位成本只是衡量那些实际材料、纸巾、卫生纸和洗手液的成本费用，而使用成本衡量的则是以上费用加上雇佣管理人员的费用。这些管理人员负责添加洗手液、更换卫生纸和纸巾卷以及其他与斯科特产品相关的工作。斯科特纸业公司所开发的这种独有的成本分配方式尽管提高了单位成本，但却从整体上降低了产品的使用成本，从而提高了公司价值和营业收入。通过这种方式，顾客可以发现，尽管初始费用很高，但使用费用的降低能够节约整体成本。

速度

传统上，我们所说的速度通常是指周期的长短，即产品生产时间的快慢。从顾客使用的角度看，对速度的衡量转变为顾客从接收到产品到投入使用的时间长短。通用电气公司主管维修旧机动轨道车的部门衡量速度的方法是看维修既定车辆所花的时间。维修部门重新梳理了流程，把维修时间由 20 天减少到了 10 天，部门对此十分满意，并且认为客户也会为此而感到高兴。但是，当维修部门站在客户的角度来考虑时，发现客户对速度的衡量并不在于维修时间的长短，而在于车厢投入运营使用的时间长短。通用电气公司发现，维修车厢所花费的 20 天时间仅仅是客户停工期的一半，客户还要花费 10 天时间将车厢送来维修，并花费另外的 10 天时间将车厢送回并投入满负荷运营当中。因此，减少 10 天的维修时间就客户车厢的使用效率而言，并没有达到通用公司员工所期待的效果。通用电气公司站在客户的角度重新定义速度周期，找到了新的方法来简化整个维修和送返运营的流程。

服务

传统的服务主要是指一个公司对顾客需求的反应快慢。但是，对于我们前面所讲的价值主张来说，这种理解有局限性。如果从顾客的观点来对服务进行重新定义，那么就会出现新的衡量标准。某一生产公司以前利用按时发货指标来衡量服务水平，但后来却发现顾客使用的却是另一个完全不同的衡量标准：按时到货。如果使用顾客评估标准，公司的服务满意度就会从 90% 降低至 60%。按时发货是指将产品按时运离工厂大门，而按时到货则是指产品可以按时投入使用。服务价值下降 30% 表明，产品运送没有完成，产品还需要时间进行装配，运送延迟（例如，在某些顾客手中滞留），产品投入满负荷运营所需生产程序引起的延迟，等等。为了提高服务水平，公司必须解决这方面的问题。

质量

传统上，质量的衡量可能包括产品的良品度和服务的相应记录等。但是，遵循前述相同的逻辑，衡量质量的出发点依然要从顾客的角度出发。例如，在 20 世纪 90 年代，美国各大电信公司以声音清晰度作为衡量标准展开竞争，每一个主要的电信运营商都宣称自己的声音质量高于其他的电信运营商。这次电信竞争大战，从整体上将电话声音和信号的质量提高到了一个很高的水平，导致顾客再也区分不出各运营商所提供的服务质量之间的差异。通话质量提高以后，再针对通话质量作为宣传卖点，对顾客的意义并不大，反而是电话服务是否便利和公司责任感是否强烈能够对顾客产生较大的影响。那些致力于提高公司价值的领导者，必须密切关注顾客的想法，从顾客角度转变公司的服务质量策略。

创新

以专利数量为标准来衡量，一个公司对其所拥有的创新能力可能颇感自豪，但这种标准只是公司内部推崇的一种标准，对顾客来说不一定有意义。3M公司所运用的活力指数体现了公司最近五年内开发的新产品所创造的营业收入的比例。这种活力指数并不是通过衡量公司生产了什么样的产品，而是通过衡量顾客购买和使用了什么样的产品来反映顾客价值。在学术界，人们通常根据候选人发表论文和出版著作的数量来考虑其职称的升迁，但实际上更能揭示本质的指标应是这些出版物的学术影响。惠普公司根据产品在市场上达到盈亏平衡点所需的时间，来衡量开发一种新产品所需的成本。在达到盈亏平衡点后，惠普公司就能够通过不断改进细节的方法来更新初期产品。

神话3：顾客联系源自顾客资料的收集

致力于了解和联系顾客的领导者，早已把各式各样的市场调查技术当成了救命稻草。领导者通过核心顾客群、顾客调查表、匿名购买者、试用顾客、顾客接触信息以及其他来源处获得的资料，试图更好地了解公司客户的需求和购买模式。

尽管典型的基于数据的市场调查有必要去做，但是从更深意义上来说，它可能会误导那些为了更好地了解顾客而工作的领导者。首先，许多从顾客那里收集来的数据并不具有前瞻性，它们反映的是顾客在同一个公司交易或是尝试交易之后的想法，而不是顾客要做什么和为什么他们会这样做之类的预期数据。对核心客户群的筛选和顾客偏好的调查，通常是回顾性的而不是预期性的。

其次，顾客对自己不知道的东西当然也是一无所知的。后期走红的产品的前期市场调查，常常会与实际情形大相径庭。早期试用3M公司的即时贴以及克莱斯勒公司的小型货车的顾客组，被这些创新产品搞得不知所措，他们并不知道这些产品究竟是什么、该如何使用以及能否给自己的生活带来价值。核心顾客群中的顾客对产品所做出的反应，自然趋向于以自己所了解和体验的东西为基础，而不是以自己不了解或没有体验的东西作为回应的基础。

再次，市场调查的数据通常更新太慢，不能与不断变化的顾客期望相一致。在调查表准备就绪，重点顾客群体定义好之后，能够满足或者引领顾客期望的新产品也许已经上市了。

最后，被调查者可能就是目标顾客或者潜在顾客，但是他们因为没有使用过某种产品或服务，从而没有做出应有的反应。通常，顾客资料只会从现有顾客中搜集。但是，有时在仅以现有顾客为基础的分类中，细分出的新顾客却没有被界定或者被忽视。当小型货车最初出现的时候，对市场调查者来说，"年轻母亲"这一细分的顾客市场并不存在。但正是小型货车这个产品，最终定义了这个市场调查没有能够明确细分的市场。

在市场调查上投入越来越多的精力，既不能增进同顾客的联系，也不能提高公司的价值。领导者必须想办法将自己的精力从收集信息转到顾客如何看待公司及其产品和服务上来。

现实3：顾客联系源自顾客的参与

领导者需要找到具有新意的办法去笼络顾客，提升顾客的满意度和忠诚度。[13] 表5-2就从顾客关系的四个方面说明了这一主张，这四个方面代表着不断加强的顾客亲密程度。销售是指公司接受顾客订单并履行的行为；营销，意味着公司对顾客需求的认识已经十分细致，从而保证满足这些需求；[14] 伙伴合作，则是指一个公司能够预测客户的需求，甚至顾客自己都不知道自己有这些需求；影响干预，则意味着创造顾客对某种产品或服务的需求，顾客在公司采取行动之前是认识不到这种需求的。一个公司在亲密程度上完成度越高，创造的价值就更多。

如表5-2所示，公司有四种途径去联系自己的顾客。两种传统方法——市场调查法和其他技术方式——都有其有效性和局限性。市场调查往往更多地收集的是过去和现在的信息而不是将来的信息。技术将公司与顾客联系在一起，并且为公司和顾客都能提供及时、精确的使用信息。[15] 举例来说，宝洁公司与沃尔玛公司之间保持着数据联系，能为宝洁公司提供其产品在连锁超市的销售情况的即时信息。这样，宝洁公司就能迅速地了解其产品的销售表现。很多领导者靠市场调查和技术来提升与顾客的亲密程度。

表 5 - 2 建立顾客联系

亲密程度是顾客关系的重点（顾客亲密程度）		联系顾客的方法			
		产品/服务（市场调查）	技术（共享机制）	管理方法（共享人力资源）	普通债券（共享价值）
	影响干预（创造需求）				
	伙伴合作（预测订单）				
	营销（服务订单）				
	销售（履行订单）				

两个较新的联系顾客的理论——管理方法和共享价值——更偏重于建立公司价值。有很多办法能够实践这些理论，其中最重要的有：与顾客互动、招募新员工、报酬机制、拓展机制和公司治理等。下面我们将更细致地讨论这些办法。

与顾客互动

定期同顾客保持互动关系是深入理解顾客并了解其需求和愿望的最佳办法之一。但实际上，公司建立正式或非正式的顾客互动机制的情况少之又少，但德州仪器公司（Texas Instruments）和李维斯却是例外，它们就建立了这种机制并且证明了这样做的重要性。[16]

德州仪器公司的计算器分部为了让其产品成为高中学习的必备工具，直接与数学老师一起研究他们教授数学运算的方法。德州仪器公司还模拟了数学课堂环境，以了解学生和老师在数学学习中的互动关系，以及计算器在有效教学中所可能起到的积极作用。

汤姆·凯斯顿（Tom Kasten）是李维斯的副总裁。他在负责开发针对青少年的牛仔服饰时，每周六都会开车去旧金山福尔摩礼堂排队等候晚上的摇滚音乐会。在那里他同孩子进行交流，实际上就是在与自己的顾客进行互动交流。他还注意观察孩子们如何对自己的牛仔服进行个性化处理。凯斯顿还主动承担邻里间送孩子上学的任务，这给他提供了了解青少年之间最新潮流趋势的途径。"孩子们喜欢谈论他们在哪里买东西，他们喜欢什么、不喜欢什么，"他说，"这就是开端，所以这也就是我通过观察自然状态下的顾客所要了解的内容。"与顾客互动也可以通过领导者与顾客进行换位来实现。一名酒店的高级经理能有几回以一名顾客的身份体验预订、入住、房间布局和退房的过程呢？一名汽车厂的高级经理又能有几回对比自己购车和公司配车的经历呢？再者，航空公司的高级经理又能有几回坐二等舱的经历呢？在这样或那样的情况下，领导者并没有从顾客的角度来看待这个世界，这也就束缚了他们对于顾客的敏感程度。

招募新员工

几年之前，埃克森石油公司试图定位他们所确定的"最佳实践"模范公司，并以此作为一种提高顾客结果的手段。在与这些公司的接触中，他们检查了这些公司的培训机制、职业拓展方式、薪酬方法以及这三项职能的内部联系。埃克森石油公司最终认定，分销商诺德斯特龙有着自己最需要知道的东西。面对埃克森石油公司的问题，诺德斯特龙的代表在短暂的尴尬之后，提出了这样的观点："我们所做的是雇用那些真正友善，并且自己非常愿意服务于顾客的人。然后我们鼓励他们不惜代价地做到顾客满意。除此之外，我们不怎么做正规培训、职业拓展或者类似的事情。"

诺德斯特龙的方法——雇用正确的人，并且鼓励他们去做他们被雇来去做的事——仍旧是为获得顾客结果最公开的秘密，同时也是最有效的方法之一。棒球教练凯西·史坦吉尔（Casey Stengel）就对这个众人皆知的秘密做了有效的诠释，他总结说："我在球员上场的时候从不对他们指手画脚。"有太多的组织制造了阻挡员工实现其价值观的绊脚石。只招募新人并不能解决此类公司的问题，但招募一组有端正态度、兢兢业业的熟练员工去完成工作，注定会让一个公司的发展机制、薪酬机制、交流机制以及人才激励机制运行得更加顺畅。

让顾客参与标准制定、人员筛选乃至最后候选人的确定，领导者就更容易通过招募新人来建立与顾客的亲密关系。这种程度的顾客参与，不仅在顾客和新雇用的员工之间建立了联系，而且还将顾客与公司联系在了一起。

报酬机制

常言道，有什么样的付出就有什么样的回报。但不幸的是，事实往往是付出与回报不匹配。通用电气公司的首席学习官史蒂夫·克尔（Steve Kerr）在他的文章《播下龙种，收获跳蚤——关于绩效问题的荒唐事》[17]中描述了这种现象，顾客关系经常受此类误判的影响。成功地将顾客反馈同员工的报酬联系在一起，的确面临着很多困难，包括那个常常被人提起的"困难"——不愿"打搅"顾客。

但是，萨维奇工业公司（Savage）的总裁艾伦·亚历山大却不认这个账。他在阿科（Arco）、雪佛龙（Chevron）和其他大公司中的顾客，很愿意定期评估萨维奇工业公司的领导者。萨维奇工业公司能否成功地为其运输和物流外包的客户提供"无忧服务"，关键是要让公司领导者全面了解真实的顾客评估报告。这些评估报告还对领导的业绩和报酬提供了依据。萨维奇工业公司制定了一张360度反馈表，用更加正式的方式收集此类信息，但对顾客的投入会被继续当作关键因素。

顾客也可以直接参加到报酬机制当中来。最近，美国西北航空、美国三角洲航空和美国航空公司为自己的老乘客发放了一本奖券册。乘客要是"碰巧"发现公司员工所提供的服务令自己满意，就可以发给他奖券。员工得到的奖券可以用来兑换现金或其他奖励。这样一种富有新意的方式，让顾客参与到奖励员工的过程中来，收到了应有的效果。现在，经常旅行的人控制着这些航空公司的一部分奖金计划，其中的大多数人也乐于分发航空公司的奖券。

拓展机制

至此为止，本章已经讨论了公司如何将招募新人和报酬机制与取得顾客结果联系起来。但是，出众的联系顾客的技能能够传授吗？公司能够"自行培养"以顾客为导向的工作力量吗？

我们认为可以，但是仅仅使用传统的以课堂为基础的培训方法是远远不够的。当然，为期一两天的顾客服务培训课程遍地皆是，其中一些培训课程虽然十分有趣，员工修完课程之后感觉也不错，但是公司的顾客结果却不会因此而改变。

顾客结果不是在课堂中实现的，就好比掌握任何一种技能一样，相关的研究都表明：经历才是最好的老师，而非教育。人们提升能力、培养观点的最佳方式就是兢兢业业地完成自己的工作任务。最富有成效的培养以顾客为导向的员工的方法与这样一个假设是格格不入的：对组织要求唯命是从最能促进员工的成长和提高员工的满意度。

例如，埃克森石油公司定期将自己的工程师、地质科学家、营销人员和财务人员介绍给公司业务的监管部门。公司把"政府关系"型的工作岗位作为培训平台向员工展示了石油监管的复杂性，同时也培育了公司员工与制定规章制度的政府代表的亲密关系。这种对顾客的了解根本不能从培训教程里学到。

杜邦（DuPont）公司和其他大型公司出于类似目的也使用了工作轮换机制，也收到了类似的效果。诸如此类的有效的培训机制为员工提供了发展个人事业的机会，提高了他们对公司的忠诚度，也增加了公司的顾客结果。

创新集团公司（Novation Group Inc.）是一家咨询公司，对员工如何在工作中成长这个问题进行了 20 多年的研究。他们的四阶段模型清楚地说明了员工的观点和技能作为一个连续变量持续发展的方式，该变量从依靠他人的一端一直演变到具有组织领导能力的另一端。[18] 很多公司利用这一模型在行为方面定位公司对员工的能力预期。表 5 - 3 是一个典型的关注顾客能力的例子，它描述了上述模型的四个阶段。四个阶段的发展信息是清楚明确的：有深度的客户服务技能（或其他技能）不是一蹴而就的。它需要长期在员工培训方面下功夫，为员工提供必要的经历，这些经历既能增加顾客知识，又能培养利用这些知识来盈利的头脑。

表 5 - 3　关注顾客

知道谁是顾客，牢记顾客需求，按照顾客需求行事

阶段 1： 依靠他人	阶段 2： 独立贡献	阶段 3： 通过他人做贡献	阶段 4： 组织领导能力
寻求了解公司的顾客群以及需求（内部顾客、最终用户、分销商、中间商）	把对顾客群的深刻理解融入自己的工作中；与同事分享顾客知识	良好地联系关键顾客群；引导团队将顾客需求变成提高价值的有效产品和服务	为公司向现有顾客提供优质服务和接触新的顾客群设定方向；影响公司业务与顾客的互动关系

组织需要使用前瞻性的拓展方法来确保获得顾客结果。举例来说，几年之前最大的国防承包商之一意识到自己正处在顾客结果危机的边缘：公司里80%的高级客户代表都将在三年内退休。利用四阶段理论的框架，公司发现绝大多数这样的高级代表都属于第三阶段的贡献者：他们都是老练且关系广泛的人，而且早已同公司的空军客户建立了稳固的关系。类似的分析还说明，由于近期国防工业停止雇用新员工，公司第二阶段的有生力量还过于年轻、缺乏经验。组织面临的挑战自然就是要培养这些第二阶段的员工，让他们在三年内能够接管这些关键的客户关系。

公司在解决这个问题方面花了很大的力气。公司为每一个第三阶段的客户代表都安排了一个有潜力的第二阶段的助手，在与客户交流的各种场合他们都并肩工作。没过多久，空军的官员就开始尊重这些年轻的员工，他们对这些员工也有了信心。这样，当高级代表退休之后，该承包商的销售收入并没有遭受严重的打击，而公司还因祸得福：公司最终造就了一批第三阶段的领导者。以上就是一个公司使用前瞻性的拓展方法来确保顾客结果的例子。

有关的研究明确地表明，员工在工作岗位上能更好地获得技能和树立正确的观点。[19]一个有效的拓展过程，既有助于满足关键业务的要求，又能让员工感到满意。当然，员工之所以满意，是因为他们自己做出了选择。埃克森石油公司"选调"员工参加政府工作。在这样的岗位上，员工在了解石油监管的复杂关系的同时，又同制定监管条例的人培养了关系。类似这样的拓展机制，为人们提供了发展个人事业、提高员工对公司的忠诚度、改善顾客结果的机会。

近期对员工拓展和学习方面的趋势的研究表明，顾客作为参与者、提供者以及现场案例的研究者，更多地参与到了员工发展的过程当中。[20]在此类培训经历中，顾客的参与对员工和顾客都有明确的帮助。此外，通过创造一个员工和顾客探索和讨论公司如何运作的论坛，既提高了顾客对公司的忠诚度，也提高了公司价值。

公司治理

公司治理处理的是组织中工作如何完成的问题，例如，这可能包括团队如何协调工作和如何同顾客打交道等。通过将顾客融入任务小队或其他项目团队之中，公司营造出了顾客对团队决策的忠诚度。

一家总部在加利福尼亚州莫德斯托的名叫佳罗酒业（Gallo）的公司，运用了很多办法让顾客参与公司的决策和管理。例如，公司的合伙人乔·佳罗（Joe Gallo）在自己的公务和私人旅行过程中不断寻求顾客对其产品的参与。在访问他儿子毕业的圣母大学的时候，他询问了那里的学生对公司"Cask & Cream"产品的看法，这些来自大学学生的信息立刻被传递回公司，与市场调查数据进行比较。如果出现了任何不相符的地方，相应的问题就会被提出来，而且后续的工作也已明确。事实上，所有的公司职员都愿意让他们的朋友尝试自己的新产品，并关注公司产品的口感、质量、酒瓶形状甚至标签创意正反面的反馈意见。佳罗酒业的员工将顾客融入了自己的业务当中。

公司治理还包括信息交流和信息共享。让关键顾客参与诸如电子邮件往来、管理会议以及公司新闻通信等交流活动，能够让他们觉得自己是组织的一部分。当原来完全在公司内部运作的管理办法向顾客开放的时候，顾客的忠诚度就会增加。顾客参加这样的管理活动所获得的拥有感和归属感，构成了公司价值的一部分。

表5-4的工作表，就为领导者提供了一个评估和提高顾客联系的

单项练习。通过让员工和顾客评估各项管理活动中顾客的参与程度，同时通过头脑风暴法找出提高他们的参与程度的方法，顾客就会系统地提高公司的价值。

表 5-4　增进顾客联系

顾客联系	目前分值 （1＝低，10＝高）	提高的方法
与顾客互动		
招募新员工		
报酬机制		
拓展机制		
公司治理		

汇总

本章开始的时候，我们对诺德斯特龙公司和家乐氏公司如何努力创造产品品牌价值之外的公司价值问题进行了讨论。我们还一起研究了楚埃·卡斯塔涅达面对的两难选择：他的公司需要削减成本以盈利，所以公司尝试进行业务流程再造；然而，结果却成了“好坏一刀切”，这样做的同时使得公司在至少一个重要顾客的眼里变得不再与众不同。卡斯塔涅达相信他要么能让顾客满意，要么能实现公司盈利，但是两者兼顾几乎不可能办到。

如果卡斯塔涅达能够面对和克服本章所阐述的三个神话，他就可以想办法界定关键顾客、找出他们所看重的东西，同时与顾客一起帮助公司提供这样的价值。逐渐地，当顾客与公司观念一致的时候，他就能创造公司价值并最终获得顾客结果。

第六章

投资者结果：创造股东价值

对于上市公司的领导者来说，股东价值最简单的表现就是为投资者创造财富。当下人们通常把股东价值定义为，"通过分红以及公司股票上涨等方式对股东产生的经济回报"[1]。该定义简明扼要。凡是买过股票的人，都明白股东价值与股票价格之间的关系。公司领导者有责任确保公司股票价格持续稳定增长。

影响股东价值的许多因素都是公司领导者无法控制的，如国内市场形势、行业趋势、全球经济环境、消费者信心指数、债务水平，甚至是天气条件。不过，在较长的一段时间内，行业内各阶层的领导者所做出的各种决策都会影响股东价值。有些短期决策会直接对股票价格造成严重影响。例如，当美国电话电报公司宣布拆分为电话电报公司、朗讯科技公司和全球解决方案公司（Global Solutions，即安迅设备 NCR 的前身）之后，其股价迅速增长了约20%。而其他并不为人注意的决策只会在较长的时间里对股东价值造成影响。例如，两个合并的公司在经过一段时间后，才能发展成为业内强有力的竞争企业，或者公司员工在经过足够的成长之后，才能更好地理解目标客户和公司资产增加。

本章为公开上市交易公司的领导者就如何提高股东价值提供了一些建议。由于大小投资者在股票交易中总会全面了解情况，进而做出理智的选择，此外，他们还非常关注公司的管理方式和业绩，因此，以结果为导向的领导者必须表现出较高的决策能力和操控能力，从而增加投资者的信心。对于非公开上市交易公司的领导者来讲，无论其投资者是虚拟股票的持有者，还是不持有股份但对投资抱有收益期望的主体，了解本章的内容都能更好地服务投资者。地方、州级或者是联邦的公共机构也是在为投资者服务的，只不过其"投资者"是支持机构的选民，包括资助机构和纳税人，这些"投资者"都希望机构领导者能够妥善使用获得的资金。

牛津健康计划公司（Oxford Health Plans）的经历就说明了投资者结果的重要性。该公司是美国的一个健康管理组织，主要为美国东北部各州190多万名用户提供医疗服务。1997年10月27日对于牛津健康计划公司来说是不幸的一天。公司当天宣布，由于公司计算机计费系统出现问题，导致公司高估了注册人数和营业收入。同一天，股市暴跌，该公司的股票几近崩盘。针对公司的诉讼指责，公司管理层向投资者提供了虚假的、误导性的财务信息，并掩盖了公司问题的严重程度。

10月27日当天，股市整体下跌了7%，但在第二天反弹了5%。然而，随着该公司领导层不断暴露出各种问题，公司股价在暴跌了62%之后仍持续下跌。该公司的领导层十分年轻，缺乏经验，总是未经充分考量就匆忙做出财务决策。分析人员认为，牛津健康计划公司的领导者犯了三个严重的错误，给公司造成了巨大的损失。[2]

第一，在1993年，尽管怀疑者已经指出，在记账方面占有技术优势毫无意义，达到一般行业水平已经足够，但是该公司的管理层仍然坚持要开发自己的 IS 软件。开发该软件需要数年时间，因此软件在上线之初就已经过时，并存在大量缺陷。

第二，该公司的管理者认为，增长是解决公司财务问题的灵丹妙药，于是公司开始不断地争取新客户、开发新产品，以至于公司的产品种类、地区覆盖范围以及客户数量在 20 世纪 90 年代增长飞快。自 1991 年至 1997 年，公司营业收入的平均增幅达到 85%，但是，隐藏在快速增长背后的是潜在风险和弱点，这将导致严重的财务问题，而这些财务问题会引起股市崩盘。

第三，当该公司领导层发现计费系统无法处理所有数据时，由于担心失去为公司创造绝大部分收益的大客户，因此公司决定首先处理大客户的应收账款。结果导致许多小型公司和个人客户流失到了其他公司（大客户反而不易流失），这迫使该公司注销了 3 万多个会员资格，并勾销了 1.11 亿美元的坏账。不过，牛津健康计划公司并不打算通过其他手段（例如，雇用大量临时打字员发追讨信）来对这些"变节"客户进行追偿——公司领导者后来承认，这是一次昂贵的失误。此外，绝大多数的小客户都是健康管理组织成员中身体健康的年轻人，他们投入公司的资金大于公司对他们的花费；而那些打算继续留在公司的客户都是些老年人，公司对他们的花费更高。

除了上述三个失误之外，该公司在没有全面测试新的记账系统之前，就贸然用它来处理公司的全部数据，从而使情况雪上加霜。由于系统无法处理全部数据，导致公司陷入一片混乱。记账系统的问题使公司流失了一些客户和供应商，并且有好几个医师联合组织对该公司提起了诉讼。与此同时，计费系统的问题愈发严重，公司管理者开始意识到他们严重低估了公司医保系统的成本。截至 1998 年年中，公司的股价依然没有恢复到之前的水平，公司首席执行官被迫引咎辞职，甚至连投资公司 KKR 也取消了继续注资的计划。KKR 公司给出的官方解释是："管理理念上的分歧导致双方在有关管理问题上不能达成一致意见。"[3] 但有传言称，KKR 公司认为，牛津健康计划公司新任首席执行官所制订的一揽子赔偿计划成本太高。

尽管这一遭遇发生在了牛津健康计划公司身上，但是其他公司也可能会遇到类似的问题。骄傲自大和贪得无厌引起的种种失误会导致投资者丧失信心，牛津健康计划公司的股价竟然下跌了 76%（从每股 68.75 美元下跌到了每股 16.18 美元）。通过研究该公司领导者应如何避免此类事件的发生，我们对领导者如何维护和获得投资者结果产生了更深刻的认识。

投资者结果来自领导者对上述谈到的所有结果——员工结果、组织结果和顾客结果——的有效管理。关注下述三个方面，同样可以创造股东价值。

- 成本管理：领导者如何才能降低公司内部成本？
- 实现增长：领导者如何才能提高公司收入？
- 创造管理价值：领导者如何才能提高公司内部的管理质量？

领导者在以上三个方面的举措都会对投资者结果和股东价值产生直接或间接的影响。

成本管理

降低成本一直以来都是公司取得积极财务成果的重要手段。在 20

世纪 80 年代中期到 90 年代初期，各大公司更是把降低成本看作各项工作的重中之重。这些公司通常将成本归结为三种类型：供应商或生产资料成本，包括原材料、设备、维修、保养等费用；劳动力成本，即组织人员的成本，该成本经常出现在利润表中，在公司利润表的销售项目、一般项目和管理项目中都有清晰的记录；制造成本，即将供应原料加工成产品和服务的成本。一些公司力图同时降低这三项成本。例如，在航空管制解除之后，价格战愈演愈烈，各大航空公司从这三方面着手，力争降低成本、节约费用。

降低成本的方法

在降低供应商成本以实现投资者结果方面，美国西南航空公司堪称典范。西南航空公司只订购波音 737 型飞机来承担其所有航线的飞行任务，并且所有飞机的配置完全相同。如此，公司不仅可以降低购买设备与维修的直接成本，而且可以通过增加飞行时间来缩短停航时间以降低间接成本。共享服务和资源外包在保证高水准服务的同时，进一步降低了维修成本。此外，为了缩减成本，西南航空公司提供的服务也相对较少，例如，航空餐服务、指定座舱以及旅行社服务等。

在其他积极缩减供应商成本的公司中，通用汽车（General Motors）在其全球采购部经理洛佩兹（Jose Ignacio Lopez de Arriortua）的领导下表现得尤为抢眼。洛佩兹完全不考虑公司与供应商之间已经签订的合同，提出全球采购政策并强行要求各供应商削减成本，逼迫供应商在各个领域进行成本控制。

公司还采用了其他方法降低成本，其中有不少方法在过去 20 年被处于困境的航空公司使用过。他们与工会重新谈判以降低工人工资和津贴，并尝试采用双层薪酬体系（例如，新飞行员的薪酬水平与老飞行员的不同）；尝试打破工会限制，雇用非工会工人（例如，人民捷运航空雇用了很多之前职业是老师和社工的人员）；减少现金发放，并将薪酬与公司的收益率和股票价格挂钩；更改规章制度以增加工作人员的飞行时间，从而提高效率；尝试减少每一航班的机组人员，通过减少服务以削减服务人员，飞行员也由三名减少到两名；要求员工"一人多责"，例如同时负责检票、办理登机手续和装运行李等。上述措施帮助航空公司提高了效率。其中，美国西南航空公司是实行这些举措的先行者。

在过去的几年中，大量的公司整合和兼并为公司提供了两个降低成本的机会。首先，公司兼并的直接影响就是裁减冗员，从而提高生产力并降低劳动力成本。其次，统一的系统和效率也避免了在创造相同价值过程中支付非必要成本。通过整合和兼并，美国主要的六大航空公司控制了全美70%的市场份额，尽管并没有达到它们的预期效果，但是每一个新合并的集团或是取得了效率增益，或是降低了成本。

公司在制定出降低成本的目标之后，就需要创建更为完善的成本评估工具，例如作业成本法和业务流程再造。作业成本法可以测定组织内部所有工作的成本及其产生的价值。如果一项工作的成本超过其产生的价值，或者某项工作被认为是不必要的，就会减少或取消这项工作。业务流程再造则是彻底改变项目和流程，建立全新的组织结构。它将组织看作是工作流程，而非由利害关系联系的群体，通过重新改造工作流程来减少组织内部的官僚作风和运作成本。

到20世纪90年代中期，各公司领导者已经削减了公司业务的大量多余成本。但是，反对的呼声也随之而来。在流程重组过程中被裁减的数万员工指责公司领导者贪得无厌，以及在进行裁员时无所顾忌、毫不留情。例如，标题中包含"公司厌食症"的文章，强调需要避免盲目裁员。不仅如此，联合信号公司的首席执行官拉里·博西迪也曾针对成本削减撰文，认为："采取缩小规模的方式不可能让公司走向成功。"[4]

领导者的角色

领导者即使成功地削减了其中一项高额成本，也还是需要持续注意控制其他两项成本。首先，他们必须确保降低的成本不会重新吞噬来之不易的节约成果。在公司竭力推行某项成本控制的几个月甚至一年后，他们可能会发现，这样做起初还能取得成效，一旦放松警惕，被降低的成本就会升高。通用电气公司通过推行削减岗位和成本计划后发现，更大的挑战不是削减成本，而是确保成本不会回升。领导者要维护这来之不易的成果，就必须时刻提醒员工注意降低成本；加大对成本超支领域的关注；禁止部门经理在裁员后重新招聘；持续改造业务流程；向员工公开成本管控情况；最重要的是，制定强有力的经营战略。

其次，领导者必须鼓励员工积极识别和探索提高效率的途径。一些公司打出"像股东一样工作"的口号，鼓励员工寻找更高效、成本更低的方式去完成工作。博格华纳公司（Borg-Warner）在 20 世纪 80 年代进行杠杆收购的时候，新的大股东兼经理要求公司所有的经理人员都参与收购，购买公司的股票，并从公司股东的角度进行思考和行动。同已经采用上述方式的领导者一样，博格华纳公司的大股东们认为，高层领导者可以识别并执行"主要的"成本削减，但是，不同级别的雇员也可以在工作中找到不同的方法来降低成本。例如，降低差旅费、合理使用供应商、仔细挑选雇员和第二供货源等。

实现增长

通过增长以获得投资者结果

在过去的 15 年中，绝大多数的公司高管主要采取降低成本的方式来实现公司的财务目标。为了降低运营成本并提高效率，公司或直接或间接地采取了各种措施。例如，整体质量控制、持续改进、缩小规模、业务整合、流程改造、价格管理、内部改革、合并收购等。如果采用这些措施可以取得成效，公司就能提高生产力和经济效益，最终降低运营成本。

最近，一些世界著名公司，如联合信号公司、通用电气公司和摩托罗拉公司，以及诸如普拉哈拉德和加里·哈默尔在内的知名管理学者，开始意识到除降低成本之外，取得增长也是实现公司财务目标的方法。[5] 增长计划主要关注财务结构的"首项"，通常用销售额或收入表示。相关专家已经做好准备帮助企业保持长期的增长。《财富》(Fortune) 杂志于 1997 年刊载了一篇题为"杀手战略"的文章，介绍了一些公司如何通过增长创造投资者结果。《商业周刊》(Business Week) 也发表了题为"战略回归"的封面文章，对此进行报道。在今天，尽管实现增长已成为公司规划的重要目标，但多数领导者仍然牢记着过去 15 ~ 20 年中成本管理所带来的教训。

相较于降低成本的措施，通过增长来提高公司业绩有以下优势。第一，增长没有上限，而降低成本则不同，公司受到其实际支出的限制。第二，增长可以增加活力、鼓舞士气，而削减成本则会令人丧气、降低士气，尤其是在裁员和重新改造流程的情况下；增长还能够为老难题提供富有创造力的解决方案。第三，增长通常可以对公司产生更长久的积极影响，而降低成本的影响则比较短暂。增长通常通过以下三种形式实现投资者结果：地理范围的扩张，即扩大产品或服务的覆盖范围；产品种类的增加，即发明或创造新产品或新服务；客户需求的增长，即说服现有客户购买更多的产品和服务。

地理范围的扩张

通常，公司通过在新市场销售现有产品和服务来实现增长。地理范围的扩张发生在一国国内或全球范围，也可以同时发生。例如，近些年来，许多美国银行都呈增长趋势，它们在几年间就把业务从地区扩展到全美乃至全球。国民银行（Nations Bank，现为 Bank of America，即美洲银行）创立于美国北卡罗来纳州的夏洛特市，经过过去十年的发展，它由一家美国东海岸中部的区域银行发展成为全球跨国银行，其业务扩展到了全美 33 个州和全球 15 个国家。国民银行通过对圣路易斯的波特曼银行（Boatman's Bank）、佛罗里达的巴内特银行（Barnett's Bank）、加利福尼亚的美洲银行（Bank of America）以及一家巴西银行的并购，明显扩大了银行业务的地理范围。

对于全球范围内的多数公司来说，实现全球增长目标是一条必经之路，公司通过独立的或联合的分销渠道，将现有的或改进的产品和服务打入新市场。选择目标市场、根据目标市场来调整产品和服务、处理各个市场的政治和文化差异、在全球范围内实行信息共享等措施，不但被各公司广泛接受，而且成为各公司期望的实践活动。无论是通过互联网进行的信息交流，还是通过全球通信和电视网络实现的图像共享，科技史无前例地将全球人类紧密地联系在了一起。对品牌价值的衡量也越来越取决于产品占全球市场的份额。此外，人们也越来越善于应对不同文化、习俗、明星人物和重大事件，如戴安娜王妃的离世和迈克尔·乔丹的职业生涯。今天，各公司高管都必须从全球视野来看待他们的工作——除非他们有不去这样做的充分理由。他们唯一输不起的就是没有充分考虑这样做。

产品种类的增加

一些公司通过加强公司核心竞争力和开发新产品的方式来实现增长。总部位于北卡罗来纳州夏洛特市的第一联合银行（First Union），不但扩展了其业务区域——从新泽西州到佛罗里达州，而且在开拓新市场方面也取得了巨大进展。第一联合银行已经从只为区域客户提供服务的传统型银行，发展成为一家为客户提供全套服务的金融机构，其服务范围涵盖经纪业务、保险产品、商业贷款和风险管理等多个领域。其产品种类的增长在很大程度上是通过与其他银行或公司进行合并而实现的，它们的产品和服务补充了第一联合银行的产品系列。

产品种类的增加，要求公司加强创新并缩短生产周期。例如，在医药行业，投资新药研发的公司通过快捷的平行试验、及早申请美国食品药品管理局（FDA）的认证以及精简业务流程等方式，来缩短新药从研制到商业应用的周期。此外，默克公司（Merck）还通过收购美国最大的药剂邮购公司 Medco Containment Services 来实现其增长。此前，默克公司通过医师开处方的方式销售药品，在收购了该药剂邮购公司之后，新的销售服务促进了公司业务的增长。

客户的增长

金融服务机构通常采取积极与顾客亲近的方式来实现公司业绩的增长。通常，银行的目标客户是有钱人，致力于吸引这些客户选择银行提供的各种金融服务。例如，某客户可能在 A 银行开设了自动存款支票账户，在 B 经纪公司开设了退休金账户，在 C 保险公司开设了人寿保险和养老金保险账户，在 D 公司开设了股票账户，在 E 公司开设了债券基金账户，在 F 公司开设了信托基金账户，在 G 公司开设了支票账户，在 H 公司开设了住房抵押贷款账户。金融机构将上述所有资产都合并在一个账户中，便于客户管理，从而实现增长的目标。金融机构通常将这种战略称为获得富有客户的"钱包份额"。此外，科技的发展为银行提供了更多良好的方式，便于银行加强与客户的亲密关系。而富有的标准也在不断降低，它已由原来的财富净值 500 万美元降低至 100 万美元，随后又降低至 50 万美元和 25 万美元。

其他行业的公司则采取不同的方式来加强与客户的亲密关系以实现增长，例如，航空公司推出了"飞行常客项目"，来吸引乘客选择乘坐该公司的航班；咖啡馆则向顾客发放"买十送一"的消费卡；书店对会员实行额外折扣；商店则提供针对个人的购物服务。所有这些方式都是为了鼓励顾客消费，从而实现投资者结果的增长。

领导者在增长中的角色

实现公司增长的途径很多，但是都需要领导者积极参与。加拿大丰业银行（Bank of Nova Scotia）的增长就向我们展示了领导者角色对股东价值的影响。这家银行是加拿大"五大"特许银行中规模最小的一家，它不但开设重要的国际业务，而且其分支机构遍布加拿大。近些年来，通过在国内和全球范围内推行扩张战略，加拿大丰业银行取得了更多的市场份额。它的利润和股票价格都有大幅增长，净收益也从 1988 年的 22.41 亿美元增加到 1997 年的 66.35 亿美元，累计增幅达 196%。

加拿大丰业银行的高层管理人员越来越积极地参与到企业的目标决策中。一个促进增长的较大举动就是收购了加拿大两家大型信托公司。通过收购，加拿大丰业银行不仅扩大了客户群，而且打入了之前由于加拿大银行法限制而无法进入的业务领域。有关产品增长的一个案例是，加拿大丰业银行在一家折扣经纪公司获得了可观的收益，从而成了投资业的一个重要竞争者。

在制定目标方面，加拿大丰业银行的高层管理人员积极与中低级别的管理者协商，并协助他们完成目标。此外，银行也越来越支持培训所有员工，鼓励银行内外所有感兴趣的人参加培训；设立奖励制度对为增加银行绩效做出贡献的个人予以奖励。这一系列措施为领导者如何把握正确的方向提供了指导。例如，阿尔伯塔分行的投资经理帕特·劳顿（Pat Lawton）几乎每个学期都会参加当地大学的课程。最近她完成了一些课程，现在开始销售证券并为客户提供投资建议，从而扩大了银行的业务范围。

帕特的丈夫约翰·劳顿（John Lawton）是该地区另一家分行的经理。在他推行的众多领导力计划中，成效最显著的要数调查计划 JBU（Just Between Us）了。根据该计划，银行要从各分行随机选取客户，让他们填写调查问卷，了解客户对银行服务的满意度，然后将 JBU 问卷的结果反馈到各分行，鼓励各分行根据客户偏好做出调整，发扬优点，克服不足，从而提高与客户的亲近程度。

分行的员工也积极探索各种方式，以便更好地完成 JBU 评估。很多建议是在早餐会议和员工向领导做个人工作汇报的过程中产生的，提出最佳建议的员工将得到奖励。从整个银行层面来看，加拿大丰业银行的领导者十分关注分行取得的显著进步，并且会给予奖励。在一次全加拿大的年会上，取得突出成绩的分行都受到了嘉奖。加拿大丰业银行的领导层意识到，提高员工能力，加强企业组织能力，以及倾听客户需求，都可以提升银行的财务绩效。

加拿大丰业银行的案例向我们展示了领导者在推动企业增长和提高股东价值方面可以采用的几种管理技巧。以下是一些其他不错的理念。

建立增长型的企业文化

每个公司都有自己的企业文化和特点。注重增长的领导者可以运用以下策略来建立增长型的企业文化：

- 着眼未来，而非过去。
- 重视可能性，而非局限性。
- 通过内部员工来沟通外部客户。
- 鼓励冒险精神，避免政治保护。
- 对集体而非个人的成功予以嘉奖，但要明确个人责任、突出模范作用。
- 不断地探索解决方案。
- 确保个人高度自由并给予信任。
- 在意见达成一致之前鼓励员工各抒己见。

致力于建立增长型企业文化的领导者，要在公司内部营造一种鼓励员工敢于冒险和表达不同观点的环境，员工可以大胆地提出不同的意见和工作方法。我们可以通过"对成功的渴望/对失败的恐惧"的公式预测员工的冒险行为。如果领导者表示希望员工提出不同的解决方案，或者雇用了渴望成功的员工，或者对员工的成绩给予奖励，就可以增加员工对成功的渴望；同样，如果对没有完成挑战性目标不予以处罚，或者认可部门经理的大胆举措，或者鼓励员工从成功和失败中总结经验、吸取教训，就可以降低员工对失败的恐惧。举例来说，吉列公司（Gillatte）的领导者发现，只有20%的新产品创意被证明具有商业可行性。所以，对尝试研发新产品但未成功的员工来说，公司必须提供一些其他不错的职位以供他们选择。这样，潜在的创新人员就可以更加安心地进行"冒险"，因为他们心中明白，即使失败了，他们也可以选择一份不错的工作。

通过雇佣来促进公司增长

一些员工从本质上来说更能促进公司的增长。工程公司和技术公司认为它们有必要雇用"有吸引力"的雇员，因为这些雇员的业内名气可以吸引其他人为其工作。德州仪器公司的领导者制定了新的招聘战略，强调员工个人与公司之间相互联系的平衡点，公司通过这种战略来吸纳和留住核心雇员。在第三章中，我们把这种举措称为"为员工提供个性化的定制方案"。平衡点包括：合适的项目、合适的员工、合适的设备与支持以及合适的工作环境。公司领导者对平衡点的深刻理解为他们提供了一个方法——保证新员工全身心地投入工作。这些有责任感的核心雇员吸引着新雇员，因此，德州仪器公司的业务也就能够增长。

全球管理咨询公司麦肯锡，就是通过在顶级学府招聘最优秀的毕业生来保持公司的不断增长。麦肯锡的多数员工都相信他们自己是学校的优秀学生，无论是在麦肯锡还是其他公司，他们都拥有巨大的潜力。因此，麦肯锡公司十分尊重新员工，给他们分配极具挑战性的工作，让他们有机会学习新技能。麦肯锡对合伙人的标准十分严苛，同时也精心挑选作伙伴。由于麦肯锡公司员工的能力都非常强，因此他们在离开麦肯锡之后可以在其他公司获得不错的职位。此外，由于这些员工在麦肯

锡公司工作期间都受到了公司的尊重，因此他们在另谋高就之后依然会
与麦肯锡公司保持业务上的往来。通过雇用优秀人才和尊重人才，麦肯
锡公司与未来客户建立了良好的关系，从而公司的业务也不断增长。

关注新一代顾客

致力于公司增长的领导者通常会持续关注新一代的顾客。例如，摩
托罗拉寻呼机部门曾经邀请中学生来检验和测试其产品。令寻呼机设计
工程师感到吃惊和懊恼的是，这些中学生认为寻呼机款式不够新颖，颜
色与他们的服装不太搭配。尽管工程师表示黑色寻呼机和彩色寻呼机的
性能完全一样，但这些新一代的用户却表示他们更倾向于购买彩色寻呼
机。最终，新一代的顾客取得了胜利：摩托罗拉公司生产了彩色寻
呼机。

所有公司都拥有灯塔型顾客，这个词由曾是哈佛商学院教授的克里
斯·哈特（Chirs Hart）提出。这些顾客的期望和需求都领先于整个行
业，他们对特定产品或服务的需求可以引导公司产生新的创意，从而使
公司领先于其竞争对手。对于航空公司来说，那些频繁飞行的旅客就是
他们的灯塔型顾客，因为这些顾客深知服务的意义，并且知道如何提高
服务质量。因此，寻求增长的航空公司会定期对这些旅客进行调查和采
访，以获得改善顾客体验的方法。如果员工明白现有顾客和未来顾客的
需求、顾客今天购买或明天消费的原因，以及如何更好地服务顾客，公
司自然会实现增长。

通过组织管理实现增长

有时，当研发项目在相互独立的部门开展时，部门内部可以通过创
新来实现公司的增长；而在其他时候，增长是在部门之间的"空白地

带"产生的。例如，当顾客所要求的新服务或新产品只有通过联合两个或两个以上的部门才能满足时，可以通过建立虚拟组织这种灵活的方式来鼓励创新和增长，而员工基于同一目标聚在一起，不再需要时就解散。

例如，微软公司提倡采用"网络标识"，即员工可以通过非正式的方式为具体项目找到合适的思想领袖或者需要的信息。微软公司以项目和领域为类别，将这些记录存储在公司的数据库中，需要相关帮助的人都可以获取信息、共享创意，从而找到创造产品和服务的新方法。这种方式帮助微软公司根据未来客户的需求迅速整合资源，而无须考虑资源所属的具体部门。

通过培训实现增长

能力拓展和经验学习也可以促进公司增长文化的建立。德州仪器公司通过领导力培训研讨会集中探索创造公司未来的各种方式。参与培训研讨会的人群有：顾客、技术部的思想领袖、其他国家的业务代表以及德州仪器公司各部门的人员，他们针对公司开发新产品、界定和扩大分销渠道以及利用新技术等诸多方面，集思广益，建言献策。每一个参与者都需要准备关于公司业务发展的个人领导力计划书。一旦被应用于培训，这些观点和创意就有可能促进公司的业务增长。

创造管理价值

尽管公司的收入可以反映公司的价值，但是衡量公司价值最真实的标准却是投资者愿意投入多少资金。虽然这种方式听起来并不靠谱，但是它强调了公司领导者在获得投资者结果的过程中所面临的几个关键问题。

领导者也许会衡量经济价值指标，并负责地报告给投资者。然而，投资者愿意为每只股票支付的价格可能受到其他因素的影响。投资顾问兼作家彼得·泰纳斯（Peter Tanous）曾访问过投资界的许多领袖人物，他将采访内容收录在了《投资大师谈投资》（*Investment Gurus*）一书中。彼得的目的就是探寻这些投资大师是如何决定购买股票并对所购股票进行估价的。尽管这些采访主要强调市场购买策略，例如价值投资（投资被低估的公司）和增长投资（投资处于增长阶段的公司），但是下面的节选则对经济增加值（Economic Value Added，简称 EVA）和公司业绩的其他经济指标不能完全反映公司股票价值的原因进行了深刻的剖析。

> 沃伦·巴菲特（Warren Buffett）在首次购买 GEICO 公司的股票之前，首先亲赴华盛顿与 GEICO 公司的董事会主席交谈了四个小时，其后他决定买下 GEICO 整个公司。现在，我要告诉你的是，你必须披荆斩棘，自己来完成自己的工作。使你精于此道（投资）的不是问题的答案，而是你所提出的问题。[6]
>
> 我们现在所购买的是一项具有特定属性的业务，而不是在购买纸面股票或大豆。代理所有者在考虑特许经营权的价值、带来特许经营能力的现金数量和管理质量时都具有一定的特性。你可以对其进行定量和定性衡量。[7]
>
> 我们寻求产生这种价值的催化剂，这种价值可能是管理的变更，例如，乔治·费希尔（Gorge Fisher）离开摩托罗拉公司到柯达公司任职；也可能是一种重组，例如，联合百货（Federated Department Stores）的新管理层首先介入并且扭转了

公司的经营业绩，然后公司对梅西百货（Macy's）和百老汇百货公司（Broadway Stores）进行了收购。

我们青睐管理人员，因为好的管理是公司成功的关键。我们可能会购买那些管理一般但资产雄厚的公司，但是我们显然更倾向于拥有一个优秀的经理人。[8]

如果没有与公司的管理人员进行过交谈，我们不会购买这家公司，这一观点来自于我多年来的审计经验。首先你要做的就是与调查研究公司的专家进行沟通，因为他们对你所要购买的公司已有多年的了解，但是通过与被购买公司的管理人员进行交谈你也可以找出问题的潜在含义，了解问题的真实情况究竟如何。[9]

你所获得许多的信息不能直接输入计算机中，这包括公司首席执行官的业务活动和公司管理人员对待员工的态度等。许多信息根本不适用于计算机模型。这就是你不能仅仅将数据输入计算机中，期望计算机来为你做出购买或出售决定的原因。[10]

这些总能成功投资的大师们，隐藏在他们语录背后的信息是什么呢？他们似乎在告诉我们，成功的投资决策除了要求严密精确的财务分析外，还需要深入了解公司的管理质量。在我们了解一个公司的核算结果、经济效益以及管理价值的情况下，我们就可以判断该公司的股票价值是高于还是低于期望价值。正如前文所述，KKR 公司认为牛津健康计划公司缺乏管理价值，所以他们撤回了对牛津健康计划公司的投资计划。所以说，领导者必须建立公司的管理价值，即投资界对公司管理质量的认识和理解。

在做出投资决定时，考虑公司管理质量的重要性毋庸置疑。任何评估某一公司的交易并打算购买公司股份的潜在客户，都会对包括公司管理质量在内的整体表现进行评估。这些情况包括：信贷员决定是否对某公司发放贷款，潜在员工决定是否加入某公司，风险投资家决定是否对某公司进行投资等。公司的管理质量越高，公司获得贷款、投资以及有才华员工的可能性就越大，这也是公司取得积极平衡的管理价值的目的。

安永会计师事务所商业创新中心通过研究发现，对多数投资者来说，超过 1/3 的投资分配决策都是参照公司的业绩信息而非财务信息而做出的。[11]安永会计师事务所对负责购买股票并验证购买决策的证券投资经理们也进行过调查。影响投资者决策的最重要的非金融因素包括：管理质量、管理信用、企业战略质量、创新能力以及公司吸引和留住优秀员工的能力。安永会计师事务所的研究证实了投资大师的观点，即管理价值会对公司的市场价值产生影响。

对比业绩突出的企业

要想考察公司领导者提高其公司价值的能力，一个方法就是比较同一行业中两家公司的市场价值。其中，市盈率是比较市场价值的有效工具。我们并不是说市盈率能够衡量公司的经济效益，不过，它确实可以反映公司的价值。对于投资者来说，市盈率反映了股票的价值。如果同一行业的两家公司的每股收益相同，而公司的股票却以不同的价格出售，那么投资者对这一差价的认识就是出于其他考虑。

现在我们来看两家经营持久不衰的美国公司：可口可乐公司和百事可乐公司。在过去七年中，可口可乐公司的市盈率平均约为 41，而百事可乐公司的市盈率则约为31。尽管百事可乐公司已经将其业务扩展到了多个领域，除了饮料行业外还涉及餐厅和休闲食品行业，但是这种多元化的经营方式并没有给公司带来相应的回报。即使在百事可乐公司放弃了餐厅业务之后，可口可乐公司股票的市盈率也依然比百事可乐公司股票的市盈率高出约33%。为什么可口可乐公司在对其收益差异进行调整之后，还是能够比百事可乐公司为股东提供更多的价值呢？部分原因在于可口可乐公司保持了稳定的、可预知的股票收益，公司可以定期完成业绩；还有部分原因在于投资者相信可口可乐公司能够取得增长和盈利。

归根结底，这两方面的原因都是建立在领导力之上的。多年以来，可口可乐公司已经向全世界展示了，其符合市场期望的卓越领导力是公司信用和持久不衰的保证。可口可乐公司在整个公司内部有效地传递了领导责任，并向人们展示了公司领导者有信心为股东创造预期收益。杰出领导力并不是可口可乐公司获得成功的唯一要素，但它却是诸多因素中最重要的一个。其他因素包括：清晰的管理战略、扩展全球分支机构、扩大市场份额和不断革新分销渠道等。虽然可口可乐公司销售的"糖水"与百事可乐公司的产品只有细微差异，但是由于可口可乐公司获得了领导力驱动的各种结果，所以实现了更高的市场价值。

对领导者进行投资

为了实现公司的管理价值，各个公司必须在管理质量上进行投资。投资者需要对管理举措和管理层变动做出积极的回应。当某一知名首席执行官另谋高就，市场通常会做出反应。例如，乔治·费希尔和拉里·博西迪分别加入柯达公司和联合信号公司时，这两家公司的股价都产生了波动。相对于这些短期变革，领导者带来的长期价值更加重要。

一些公司由于其高水平的管理质量而享有盛名，这些公司在任命新首席执行官的时候，如果管理价值确实十分重要（有证据表明的确如此），那么公司内部落选的其他竞争者通常会离开公司另谋高就。这些公司的股票都会产生积极的反应，立刻显示出短期成果（任命宣布后）和长期成果（随着新首席执行官在公司创建管理质量）。根据历史数据，我们建议通用电气公司的领导者在离开公司后去创建新公司，因为在杰克·韦尔奇上任之后，这些离开的领导者通常能够为自己的新公司创造投资者价值。

几乎所有离开的领导者都取得了显著的成就，他们对新公司的收益、竞争力，有时甚至对自身能力都产生了积极的影响。由于他们创立新公司时的条件各不相同，所以每个领导者所面临挑战的性质和难度也必然不同。有些公司处境艰难，但仍在维持，而有些公司只需要一个清晰的规划、统一的战略以及为该战略提供有力支持的组织结构。[12]

举例来说，当诺曼·P. 布雷克（Norman P. Blake）在 1990 年接手 USF&G 财产保险公司时，公司正处于极度困难的境地：业务复杂、结构臃肿、成本失控、股息过高以及股价暴跌（在 1989 年从 30.38 美元跌至 9.50 美元）。多数观察家都认为，USF&G 公司已经毫无价值，濒临破产。然而，布雷克对公司进行了彻底的改革和战略性重组，不但成功地挽救了 USF&G 公司，而且使公司重焕生机，增加了投资者价值。一年内，USF&G 公司的股票价格重新开始攀升，并在 1992 年翻了一番，表明投资者对布雷克的领导充满信心。布雷克在接手 USF&G 公司前曾这样表示："公司不仅仅是在财务方面破产了，而且在人员、领导层、员工技能乃至整个体系上都已经崩溃，而这些都是领导者管理公司所必需的资源。"因此，对于这样一个公司来说，现在可以取得这样的成绩已经相当不错了。[13]

类似让公司起死回生的案例，也发生在通用电气公司的前任首席执行官兼总裁格伦·海纳（Glen Hiner）身上。格伦·海纳于1992年出任欧文斯科宁公司（Owens Corning）的首席执行官兼总裁，任命一经公布，就对公司的股票价格产生了巨大的影响。此前公司由于债务沉重、人才缺乏、士气低落和科研薄弱而处境艰难、急需帮助，公司的股价也反映了公司的困境。然而，在格伦·海纳上任后的一个月内，公司的股票价格就从每股26.25美元涨到了每股37.63美元，涨幅高达43%。此后几年，公司的股价一直保持着上涨势头，这也是公司的投资者因格伦·海纳对公司的重组和注重产品研发而对公司给予的回报。

领导者的变更对股价产生更加直接影响的例子是，1997年，通用电气公司前任领导者约翰·M.特拉尼（John M. Trani）被任命为史丹利公司（Stanley Works）的首席执行官兼总裁。尽管公司的财务状况良好，但是由于前任首席执行官的改组措施不当，公司深受其害，并且对此采取的相应策略也无法阻止公司市场份额的不断萎缩，因此公司对强有力而高效率的领导者的需求直接体现在公司的股票价格上。在特拉尼的任命通知宣布的当天，公司的股票价格一路飙升：从每股29.38美元上涨到了每股32.28美元，上涨了10%。此后股价也保持了继续上涨的势头，到月底攀升至每股38美元，在一个月内上涨了约30%。在特拉尼的领导下，史丹利公司的股价继续上涨，其上涨速度几近于标准普尔500指数上涨速度的两倍。

另一位通用电气公司前领导者哈里·C.斯特恩斯佛（Harry C. Stonecipher），在1994年接任麦道公司（McDonnell Douglas）首席执行官兼总裁时，也面临着许多棘手的问题，但是他通过稳健和极具魅力的领导力扭转了公司的困境，进而为股东带来了利益。尽管麦道公司在前任首席执行官的领导下保持着良好的财务状况，但是公司的业务却一直萎靡不振。由于成本超支、产品过时、市场份额不断萎缩，麦道公司的前景令人担忧。根据杰克·韦尔奇的名言："如果不能做行业第一或第二，就要对公司进行调整、关闭或出售。"斯特恩斯佛将麦道公司全部出售给了波音公司。在整个出售过程中，公司股东对斯特恩斯佛都表现出了极大的信心。在斯特恩斯佛上任的第一个月里，麦道公司的股票价格就从每股 19.25 美元上涨到了每股 23.50 美元，上涨了 22%。此后，公司股价继续保持了上升势头，到 1997 年 7 月，波音公司最终完成了对麦道公司的收购，麦道公司的股票价格攀升到每股 76.69 美元，三年内上涨了 298%。

史坦利·高尔特（Stanley Gault）最初任职于通用电气公司，离开通用电气公司后来到乐柏美公司（Rubbermaid），在那里他展示出了卓越的领导才华，直到 1991 年他才离开乐柏美，出任固特异轮胎橡胶公司（Goodyear）的首席执行官兼总裁。当时，固特异轮胎橡胶公司产品复杂、债务沉重、利润低下、成本过高、产品没有竞争优势，但是鉴于高尔特卓越的领导才能，在他被任命的当天，公司股票价格就从每股 13.50 美元上涨到了每股 15.09 美元，上涨了将近 12%。高尔特重新定位了固特异轮胎橡胶公司的业务，削减生产成本，精简采购流程，并推动 AquaTread 子午线轮胎等高端产品的研发。固特异轮胎橡胶公司财务状况的改善推动其股价在一年内上涨到了每股 34.13 美元，到 1996 年 6 月高尔特退休时，股价上涨到了 68.50 美元。在高尔特在任的五年中，固特异轮胎橡胶公司的股价上涨水平约是标准普尔指数的两倍。

拉里·博西迪在离开通用电气公司后的表现同样不俗。他于 1991

年出任联合信号公司的首席执行官兼总裁，当时，联合信号公司的发展停滞不前，营业收入低下，决策迟缓，成本居高不下。博西迪在回忆他上任的情况时曾这样描述："公司的业务被划分为 52 个部分，相互独立。"[14]上任后，他开始简化业务流程，放弃了不必要的业务，并加强与供应商的伙伴关系。在很短的一段时间内，公司在博西迪的领导下开始创造出显著的股东结果，从而推动了公司的股票价格迅速上涨。到 1996 年，联合信号公司的营业利润率从 4.7% 增至 9.1%，年平均生产率也增至 5.7%。到 1995 年 12 月 31 日，博西迪五年任期结束时，股东总回报达到了 297%，超过道琼斯工业指数 125% 和标准普尔指数 115%。联合信号公司的股票价格也获得了令人瞩目的增长，第一年就从每股 9.72 美元增至每股 13.88 美元（增长了 43%），到 1998 年 3 月每股价格增至 41.50 美元。

这些新的领导者为公司管理质量所带来影响的表现方式不一。新的领导者可能做出一些艰难的决策来加快公司的变革，然而，其前任领导者由于同公司一起成长而难以做出这样的决策，或者无法推翻最初的决策。脆弱的关系中隐藏着阻碍变革的力量。新的领导者不会被他们制定的举措所限制或束缚，所以他们有能力为公司带来变革。正因为如此，新的领导者才有机会获得本书提及的相关结果：员工结果（提高新员工能力和认同感）、组织结果（组织学习、革新和打破界限的能力以及组织责任感）、顾客结果（为目标顾客建立全新的公司价值）。

衡量管理价值

投资者通常会持续投资于公司的管理价值，但是多数投资者都是凭借直觉或者"第六感"来进行投资的。尽管相关研究还不能确认决定公司管理价值的具体因素，但是表 6 - 1 中所列举的问题和措施可能会对公司的管理价值产生积极的影响。

表 6 - 1 中所列的概念、问题和措施适用于公司内的所有领导者，而不仅限于高层领导者，因为管理价值是包括高层领导者在内的所有领导者都应铭记于心的概念，创造和提高管理价值、增加股东价值是各层级领导者的责任。表 6 - 1 同样可以帮助投资者判断一个公司管理价值的高低和性质。

表 6 - 1　管理价值的评估

相关概念及问题	得分 （1 = 低，10 = 高）	公司经理人员 可采取的措施
员工能力 　对于公司经理人员能否展现自身能力，并且吸引行业其他有远见的领导者加入公司，投资者有怎样的认识？		• 定期雇用优秀员工 • 不会因下属能力出众而感到威胁 • 拥有吸引优秀人才、击败其他竞争对手的能力 • 拥有丰富的行业知识
员工责任感 　对于经理人员能否激发、鼓励并吸引他人投入工作，投资者有怎样的认识？		• 对全体员工抱有信心 • 留住行业优秀人才 • 持续提高员工的责任心
纪律和责任 　对于公司经理人员实现承诺和做出艰难决策的能力，投资者持有多大信心？		• 持续完成既有目标（例如，季度财务业绩） • 对公司产品（剥离亏损业务并投资盈利业务）、客户（对目标客户进行分类）、员工（辞去业绩低下的员工）进行取舍决策 • 明确工作责任，保证员工各司其职
学习能力 　投资者认为公司经理人员的学习能力如何？		• 愿意学习和试错 • 能够接受新的观念和革新 • 谦虚地认识到他们并非万事通 • 如果条件不允许，放弃钟爱的项目或已付出的投资

（续）

相关概念及问题	得分 （1 = 低，10 = 高）	公司经理人员 可采取的措施
创新能力 　投资者认为公司经理人员变革、适应和灵活工作的能力如何？		• 促成项目成功 • 在实现项目计划之前已经拥有成功经验 • 迅速推行新想法 • 井井有条地完成工作
沟通和关系 　投资者认为公司经理人与关键利益相关者（包括供应商、顾客和投资者）的关系如何？		• 与投资者、顾客、供应商等外部关键利益相关者有良好的个人关系 • 外部关键利益相关者对公司的经理人员有信心 • 花时间与关键利益相关者在一起
工作重心 　投资者认为公司经理人员通过清晰的愿景来安排工作的能力如何？		• 分清主次，安排优先级（即使面对大量业务） • 根据公司愿景，培养员工意识和责任心 • 明确业务策略
拥有公司股票 　投资者认为现有公司经理人员拥有多少股票所有权形式的个人净资产？		• 在公司资产中拥有较高的个人净资产（不包括房产） • 确保多数员工拥有公司股票
经验和行业知识 　投资者认为公司现有经理人员拥有多少行业经验和行业知识？		• 了解并能够解释行业的运作规律 • 明确行业内部的特殊业务要求
客户价值 　投资者认为公司现有经理人员在目标客户眼中对公司价值的理解和建设成果如何？		• 能够区分目标客户和非目标客户 • 了解目标客户的购买标准 • 与目标客户建立信任关系

提高管理价值是每一位领导者的职责

关于提高股东价值的多数讨论都认为，"实际"的结果是由华尔街的首席执行官和首席财务官而不是由公司自己完成的。但是，如果没有各层领导者的努力，公司就不可能实现卓越的股东价值。只有努力实践前面几章所述的各种有价值的理念，才能实现非凡的投资者结果。组织当中的每位领导者都能够通过自身努力，大大提高组织创造投资者结果的能力。以下六个方面对领导者来说尤为关键，并且可以应用于组织的各个层次。

了解你所在的行业

高效领导者对所在行业和其公司在行业里的位置有着深刻的了解。只有通过这种了解，他们才能将不断变化的条件转化为有利于员工付诸实践的有效措施。领导者摸清了外部环境后，才能为公司确定正确的发展方向。

几年前，塔可钟公司提出了"价值定价"的方法，在行业内引起很大震动。由于塔可钟公司和必胜客公司都希望能够在下一阶段垄断快餐市场，所以两家公司开始招聘新的餐厅管理人员。他们的招聘对象并不是传统的餐厅管理人员，而是那些受过良好教育的企业领导者，并赋予他们管理其负责区域内餐厅的权力。这些领导者的工作就是充分了解各自区域的竞争对手和顾客，并扩大各自的销售网点，从而提高顾客的购买便利性。这两家公司的餐厅很快就出现在了诸如公共汽车站、中学餐厅、机场以及其他潜在顾客聚集和可能消费的地点。显然，这种方式并不涉及统一规划的市场渗透活动，公司只是通过培养区域领导者管理其各自的业务就实现了公司的目标。

控制预算

要实现股票价格的上涨，公司必须遵循以下两条规则：①永远不要让华尔街感到吃惊；②保持公司持续增长和盈利。实现以上两点需要良好的领导力，同时也是公司卓越领导力的组成部分。事实上，公司每年都会对各种业务设定增长指标和预算费用。绝大多数领导者通常只会大概参与增长指标的设定，但是所有的领导者都会充分参与预算费用的设定。公司各层必须严格按照设定的预算开展工作，当然也会出现一些例外的情况，所以也可以对预算进行必要的调整。领导者个人必须意识到其让公司实现增长和达到成本控制目标的责任。

建立绩效管理体系以支持股东价值

绩效管理体系涉及三个阶段：设立标准、分配报酬和提供反馈，这三个阶段都能提高公司的股东价值。标准可以根据行为（领导者的举措）和结果（领导者的行为结果）来设定。报酬包括短期财务收入（奖金和现金奖励）、长期财务收入（股票赠送、股票期权和长期激励计划）以及非经济收入（认可和工作本身）。反馈是指管理人员按照计划持续监控绩效，以便了解各方面的情况并跟踪自己的绩效水平。也就是说，将标准、报酬和反馈综合起来就能构成公司的绩效管理体系，从而推动股东价值的实现。

加拿大萨斯喀彻温省公共服务部门的高级官员几年前的相关经历，就向我们展示了绩效管理体系的重要作用。当时，萨斯喀彻温省公共服务部门急需提高员工的绩效。作为地方服务部门的"股东"，公众对部门员工的服务质量颇有微词，抱怨他们的工作态度恶劣、缺乏责任心、服务水平低下。对此，人们提出了一个解决方案——基于目标管理（MBO）的激励计划。为了推行这个方案并调动员工的积极性，官员们做了大量计划，付出了很多努力。部门还成立了一个小型机构来对体系进行指导和监督，并且管理团队负责在全省进行巡回推介和员工培训。

尽管文书工作、人力资源规划和其他相关工作在短期内就达到了部门的要求，但是解决方案隐含了一个重大缺陷。随着 MBO 计划的展开，萨斯喀彻温省公共服务部门要求各层次的管理人员与下属进行沟通，使员工就企业目标和宗旨达成一致意见。部门领导者认为这种目标驱动的累积效应能够激励员工提高业绩。在汇报结束后，领导者将与下属会面并对下属的业绩进行评级，有"远超过要求""达到要求"和"未达到要求"三种等级。成功的领导者会依据他们的工作业绩而获得相应的奖金。

计划的缺陷在于预先决定了不同绩效水平的员工人数，多数员工认为这是一种蓄意省钱的方式。在每一汇报期内，只有"远超过要求"的员工（例如 5%）才能够获得奖金。所有的管理人员都发现他们对员工绩效进行评比存在着许多令人沮丧的限制。这些限制意味着，理应获得丰厚奖金的员工由于比例的限制或其他评比人员拥有更好的书面表达水平而不能获得奖金，对计划抱有较高期望的管理人员由于被过分低估或没有得到奖励而士气大减。由于投入巨大而收效甚微，这项计划最终以失败告终。

以身作则

各层级的领导者通常会树立榜样供员工学习。为了实现公司的股东价值，领导者需要塑造出为公司全身心投入的形象。那些成功创造公司股东价值的领导者，把自己看作是组织的所有者，他们为自己的决策负责，节省工作开支（例如，乘坐二等舱和在普通餐厅就餐等），并在工作中以身作则。

担任惠普公司（HP）总裁的比尔·休利特（Bill Hewlett）的经历就向我们展现了"以身作则"的意义。一次下班后，身穿一身白色工作装的比尔正在打印文件。此时公司的一位新秘书看见后，向他责问："是你昨晚离开后没有关灯和关掉复印机吗？"他回答道："嗯，好像是。""难道你不知道公司正在施行能源节约计划，比尔先生和戴维先生要求我们尤其要注意关闭电灯和设备吗？"她继续问道。"很抱歉，不会再发生这种事了。"比尔回答。两天后，当这位秘书再次看到比尔时，比尔身着西装并佩戴着胸牌，她才恍然大悟："哦，天哪，我竟然把公司总裁教训了一顿。"[15]

当然比尔没有把秘书的训斥放在心上，而是欣然接受了她的批评；他确实没有遵守他自己制订的能源节约计划。比尔也并没有因此报复秘书。他希望自己和其他人一样，都应遵守公司的制度。比尔在惠普公司的另外一个理念上也践行了这一点："我们是一个大家庭，每一位员工都应得到尊重和平等待遇。"

加强与投资者的沟通

投资者不喜欢惊喜。通过让投资者了解公司的战略、目标、业绩和其他未经计划的活动，领导者可以加强与投资者的沟通。当哈里·克雷默（Harry Kraemer）担任百特医疗公司（Baxter Healthcare）的首席财务官时，他就与投资者建立了良好的关系。他每周向投资者写信汇报公司的业绩表现和近期活动，频繁地与主要股东召开电话会议以确保股东了解公司的业绩情况，邀请投资者经常与他联系并就投资者遇到的问题进行讨论。哈里的努力最终得到了回报。投资者欣赏他的管理方式和坦率的态度。在被任命为公司总裁以及之后的首席执行官时，哈里得到了投资者的一致称赞和大力支持。

如果公司与主要股东合作并了解合作的意义，那么积极的股东关系就会建立，这有助于每一位股东理解公司决策背后的逻辑。如果一个医疗设备公司打算大幅提高员工的持股比例，这需要获得公司股东的同意。多数大股东都会反对这个计划，因为他们担心这样做会降低公司的价值。于是公司的首席执行官就需要拜访每一位大股东，就计划的具体细节、计划背后的逻辑以及对员工生产力的预期影响等问题，进行长时间的讨论。尽管这些讨论需要占用他大量的时间，但他还是认为有必要让投资者完全了解公司的策略。

与投资者沟通的方式包括：主要领导者的个人拜访、投资者对公司进行全面参观、就大型活动和重要变革组织会议、频繁地与投资者沟通等。这些方法可以帮助投资者了解公司的运营情况，以及领导者的想法和举措。这些方法都可以提高投资者信心和股东价值。

建立价值思维定式并以此调整员工行为

思维定式是能够影响人们行为的内在设想。例如，英特尔公司建立的思维定式是员工可以提出不同意见并挑战领导者的观点，而丽思卡尔顿酒店公司（Ritz-Carlton）与麦当劳公司分别构建了顾客至上和速度第一的思维定式。这些公司所建立的思维定式可以决定员工的行为表现。构建了创造股东价值的思维定式的领导者，可以将员工的注意力和行为都集中在实现财务绩效方面。当领导者能够将增加收入和削减成本的目标融入员工的行为当中时，就可以得到财务绩效。

某公司的每一位领导者共同参与组织了一次研讨会。会上，领导者直接向员工做了报告，说明公司的财务状况。这家公司最近完成了一系列的收购，并向华尔街承诺通过这些收购来提高公司的盈利。但是，这个承诺并没有实现，公司面临着无法达到其承诺的盈利目标的风险。领导者通过简单的图表对公司所承诺的结果和实际结果做了对比，然后要求员工对以下三个问题进行自由讨论：

1. 我们可以运用哪些"愚蠢"的方法来完成盈利目标？这个问题可以引导员工对那些误导他们实现目标的方法进行讨论。例如，这些方法通常包括削减广告费用、裁减公司10%的工作人员、停止所有商务旅行等。这一问题及相关讨论允许员工就削减成本问题表达他们的担忧，并且确保员工能够为公司此后的计划措施设定范围和限度。

2. 我们可以采取哪些"大胆"的举措来实现盈利目标？这一问题可以让员工就公司降低成本、扩大业务的方法建言献策。通过讨论，员工想出了许多富有创意的想法，例如关闭工厂、减少生产线或停止对一些顾客的服务等。这些可以降低成本的激进措施，需要公司的高级管理人员来果敢地做出决策。允许员工自己想出这些方法，有助于降低这些解决措施在实施时的冲击和阻力。

3. 我们可以采取哪些"渐进"的措施来实现盈利目标？这一问题及相关讨论可以让员工对于公司成本削减承担其个人责任。员工在每天的工作中都会做出很多的决策，这些决策综合起来就会影响公司的盈利。当领导者指导员工就工作流程、存货管理、原料的使用和其他生产活动做出决策时，每一位员工就会了解他们每天的行为是如何影响公司业绩的。

总的来说，这些做法有助于公司建立股东价值的思维定式，并将这种思维定式转化为每一位员工的具体行为。

股东价值中的领导者角色

领导者在公司的所有行为都可能有助于公司扩展业务、降低成本和提高股东价值。本章所述的这些行动措施，将从财务方面增加投资者结果。领导者只有通过与公司财务人员的通力合作，才能够增加财务知识并掌握各种财务工具。最后，我们想提醒每一位领导者，财务结果并不是公司结果的全部。正如表 6-1 所建议的，许多管理措施能够让公司获得财务结果，而且只有在取得了良好的财务结果的前提下，才有可能对员工结果、组织结果和顾客结果进行投资。

第七章

成为一名以结果为导向的领导者

本章重点讨论现任领导者应如何改进领导方式，以更加注重结果；应如何拓展领导能力，以成为一名以结果为导向的高效领导者。

大多数领导者收到过无数的邀请函，被邀请参加一些由大学、专业机构或商业机构举办的领导力发展研讨会或讨论会。邀请函的内容吸人眼球：会议内容对每位领导者事业的成败至关重要；由具有专业资质的学者向有影响力的、志趣相投的领导者传授会议内容。这些会议项目有其诱人之处，而且出发点很好，但其结果往往不了了之。[1]其中所讲的理论也许趣味十足，并且提出的一些品质和行为规范也令人瞩目，但与会者仍然不能提高自己的领导能力。

以下这些建议，如果各个职位的领导者立即采用，将会帮助他们改进领导方式、提高领导能力，而无须耽误一个月的工作或者花费大量的金钱。

1. 开始便要全心注重结果。

2. 承担起个人职责，并对团队结果担负全责。

3. 清晰明确地向团队成员阐述期望和目标。

4. 为改善结果而下决心付出一些努力。

5. 以结果作为是否继续现有领导力实践或者实施新领导方法的评判标准。

6. 抓住机遇，并参与能够助你取得更好结果的拓展活动。

7. 全面了解并充分发挥团队成员的能力，为其提供恰当的发展机会。

8. 在能力所及的各个领域进行尝试和创新，并不断寻求新的思路以提高业绩。

9. 用正确的标准衡量，并不断提升标准。

10. 不断采取行动，改善结果。

11. 加快团队发展的步伐和节奏。

12. 从组织中其他人那里寻求可以改善结果的思路反馈。

13. 让下属和同事认识到你成为领导者的动机是最终想取得积极结果，而非出于个人或政治利益。

14. 把团队成员为努力赢取结果而采取的方法模型化。

以下是采取上述每一条行动的理由，以及关于实施这些行动的一些想法。

1. 开始便要全心注重结果

这是第一步也是最重要的一步。注重结果，领导者便会找到那根阻挡其他原木顺流而下、造成河流阻塞的罪魁祸首。为了找到那根原木，自己先来回答这个问题：我所在的组织想要并且期望我的团队取得怎样的结果？

这个问题强调的重点不是：我必须成为一个什么样的人？在明确了应该取得的结果之后，一个人的品质才能充分地发挥出来。在员工结果、组织结果、顾客结果和投资者结果这四大关键结果领域实现平衡、战略统一、持久和无私的方法，在前面几章中已经全面地论述过。当领导者对期望的结果有了清楚的认识之后，其他所有的一切都能相互联系起来。

在明确地确立了目标结果之后，领导者可以通过自问"我现在取得了什么样的结果"这个问题来识别任何结果之间的差距。一些非常优秀的以结果为导向的领导者，比如通用电气公司的杰克·韦尔奇以及英特尔公司的安迪·格鲁夫（Andy Grove）都信守这样一条准则："实事求是地看世界，而不妄加揣测。"通过各种收集数据的技巧，并且广泛地向现在和以前的雇员、行业专家、学者、客户、股东、投资银行家、市场研究人员和技术领先者询问交流，我们就可以实现对"什么是"（what is）的客观、严密的检验。要对现有的所有可用考核指标进行细致的分析，并且把分析结果与本公司一些最强竞争对手的情况进行客观的对比。但是，要想对本段开头的那个问题有正确的回答，关键是要有绝对的诚实。要把一切裹在外面的糖衣，即所有的虚华和排外情绪统统消除。要实现对所希望和所期望的事情进行对比，领导者必须对组织或团队面临的现实有个彻底的了解。只有这样，一开始才会清楚需要提高什么或者需要变革什么。

全心注重结果的其中一方面就是要把结果置于其他任何事情之上，当然，不能违背组织的道德标准和价值观念。为了得到积极的结果，领导者必须愿意工作更长的时间，时刻做出巨大的个人牺牲；同时，必须愿意做出一些艰难的，并且有时是不愉快的、可能会对他人造成消极影响的决定。一些领导者把虚荣追捧看得比取得好的结果更重要，那么担任领导者对他们来说就是一种糟糕的职业选择。

2. 承担起个人职责，并对团队结果担负全责

领导者可以轻而易举地将他人对自己工作团队甚至整个公司表现欠佳的指责转嫁到其他人身上。他们常常把业绩平庸归咎于他们的前任、经济形势、政府管制、外来竞争、本土竞争、资质欠佳的下属、内部人员蓄意破坏或者干脆是倒霉的运气。对于团队取得的结果，他们表现得似乎与自己无关，就像是意外遇见一场事故的无辜陌生人。一定要摒弃这种观念。

这种推诿责任的行为不仅削弱了士气，还会断绝变革和改善的可能性。例如，在一家行业排名垫底的大型企业运行委员会月度会议上，公司的主管们就像电视新闻节目主持人播报每日的经济新闻一样，宣布着他们各自部门的各种数据。这些高管对于取得的如此差劲的业绩表现得十分超然，满不在乎；同样，对于个人应为此而担负的责任也推脱得一干二净，这种推脱责任的做法不利于问题的解决。

有效的领导者不会把责任推脱到任何其他人或其他地方上，事情越是糟糕越不会如此。碰到这样的情况，优秀的领导者会对任何表现不足之处以及所犯的所有错误担负全部责任。由于他们愿意为团队的表现担负全责，因此他们不是那种冷静的旁观者。只有当事情进展得十分顺利时，有效的领导者才可从"责任盒子"（responsibility box）中走出。这时，他们应该赞扬他们的下属，并将团队的出色表现和取得的优秀结果归功于他们。

不尽如人意的是，许多能力低下且不靠谱的领导者（任何从事过商业的人都可以想到这样的例子）行事却恰恰相反，他们会将每次失败都归咎于自己的下属，却将每次成功都归功于自己。这样的领导者将永远不会取得最高水平的结果，因为他们已经与合作者和下属变得疏远，并且互相之间变得不和、不信任，他们已经失去了合作和交流的机会。

以结果为导向的领导者会支持团队成员所付出的努力，但同时，对于表现不尽如人意的成员，领导者也要对此做出一些艰难的决定。注重结果的领导者，对于表现欠佳的下属，首先应与他们进行一次正式的谈话；如果未见成效，就应将其调离或解雇。如果领导者在这些情况下都不采取措施，就等于清楚地传达了这样的信号：相比团队的表现而言，他们更不愿意因为做出一些痛苦的决定而造成难堪的局面。对于以结果为导向的领导者来说，持有这样的立场并不合适。

3. 清晰明确地向团队成员阐述期望和目标

下属经常向领导者抱怨的事情是：他们不知道领导者对自己有什么期望，而且总是被搁在一边去猜想要做的事情孰重孰轻，甚至在对要做的事情已达成共识的情况下，对于先做哪件，上下级间的意见也会迥然不同。当领导者不注重结果时，这样的分歧便总会存在。注重结果便会使每个人都明确应该追求什么样的目标。结果明确之后，先做什么后做什么也就自然会有条不紊地进行，团队成员的创造活力就能充分地发挥出来，去寻求实现期望结果的种种思路和方法。

清晰的目标通常是崇高的并且富有挑战性的，或用一个蹩脚的词来说就是 BHAG，即"大胆、惊险、勇猛的目标"（Bold，Hairy，Audacious Goals）。[2]领导者在决定所追求的目标时，一定要定高目标。有意义的事情充满挑战，却能使人们竭尽所能，并激励人们前行。但是，再崇高的事情也必须要转化为具体并可度量的结果；否则，目标只是虚幻的梦想和不切实际的愿望，而非实实在在的结果。第三章到第六章提供了一些衡量员工、组织、顾客和投资者结果的方法，这些方法既发人深省又注重实效。

领导者不应该自行判定结果、原因、对象或目标等问题，征求大家的意见越多，所确立的目标质量就越高，同时目标的接受程度也就越广。领导者常常需要向自己团队的成员描述未来的发展愿景，以让成员知道"我们将要走向何方"。如果领导者想当然地认为必须由自己来制定未来的愿景，那么这对于一个团队来说是再糟糕不过的事情了。关于"领导"这个词来说有个自相矛盾的现象：领导似乎暗含着一种个人行为，但是真正成功的领导者其成功之处却在于与他人的合作和对他人的激励。他们非常依赖周围的人，正是这些人组成了他所领导的团队。

在收集了众多想法并通过充分讨论之后，总需要有个人将这些想法汇总串联起来，并且选择一条组织在未来 6～18 个月中所要遵循的发展道路。同样重要的一点是，对于组织不能触犯的事情也要做出相应的决定。做决定通常比制订行动方案要困难得多，清楚哪些行为活动需要避免或摒弃，有利于下属和组织中的其他人明确未来的方向。

注重结果，领导者才更可能解决摆在团队面前的一些非常重要并且充满挑战的问题。不管这些问题已被搁置多久，要想取得很好的结果，以结果为导向的领导者都将无法回避这些问题。

下面这个例子就证明了变革的机会将垂青那些注重结果的领导者。

一家制药公司的销售严重下滑，其员工将问题归咎于产品研发、市场推广以及销售部门之间严重缺乏协调。这种情况很普遍，公司的研发团队花费数年开发新的产品，而销售部门却早就认为这些产品无法售出，最终也确实如此。而营销战略的制定也完全与销售部门脱离。公司里几乎没有人敢公开谈论这个问题，即使他们已经认识到了问题的严重性。而且三个主要职能部门间缺乏协调，这件事更是无人愿意启齿，因为就算是说了，最后也只能不了了之。

新的总经理被任命之后，他将扩大销售作为自己的目标和优先考虑的事情。在对销售持续下滑的原因进行调查的时候，听到的是三个职能团队之间的相互矛盾。不同于自己的前任，这位新任领导者对公司内的派系政治和旧账不予理会，在公司运营委员会的会议上，他针对销售状况欠佳这个问题向下属施加压力，直到下属们自己开始承认并着手解决缺乏协调这个症结——它是取得关键结果的绊脚石（这位领导者确实取得一些结果，而第四章关于无边界管理的内容其实能帮助他更直接地解决这些问题）。

下面是公共经济部门中的一个例子。一位高级主管负责社会保障总署中的一个部门，在某个日期，他下指令要求把监管员所管理的下属从7人增加到15人，以对该部门的运作进行优化并提高整体效率。而这招致了大量的抱怨和"不可能"的高呼声。但是，目标和时间表已定并且清楚地传达了下去。经理被授予了自由执行的权利，很快有人就看到了这样做带来的好处，并且找到了有效执行它们的方法。如果这些指令缺乏具体的实施说明，也只会像是一些模糊的美好愿望而不会获得成功。而如果机构的高管从部门的能力而不是部门的结构入手，将可能取得更好的结果。请参见第四章——组织结果：能力提升。

领导者要保证组织内的每个人都能彻底清楚他们所要执行的策略，即在运行层面，清楚组织要做什么不能做什么。当每个人都清楚组织与客户（见表 5 - 1 所示的价值主张）之间联系的机制时，手段和目标之间就会实现高度一致。

每个组织的基本目标应该是更好地为目标客户服务。每个领导者不管是负责财务、生产、人力、销售、客服等部门还是领导整个公司，都需要想方设法地增进下属与客户之间的联系。第五章论述了一些通过管理手段来建立客户关系的基本技巧，包括招聘以客户为导向的人员，让员工参加一些可增强顾客服务意识的拓展活动，奖励一些成功的案例，建立良好的反馈机制，以保证员工时刻了解组织应如何更好地服务顾客。

4. 为改善结果而下决心付出一些努力

许多活动能够并且应该授权给他人去做，但让双方实现双赢的授权确实不多见。领导者赢得时间，去做那些只有他们才能做的事情；下属获得新的任务，并因此获得历练。然而，如果组织想获得巅峰结果，重要的任务应该交给领导者去做。明确哪些事情只有领导者才能做，并且保证按时做好，正是领导者特别是以结果为导向的领导者的职责所在。

显然，领导者应该亲自做些什么并没有定论。在一些情况下，领导者也许需要去修复与重要客户之间的关系；在另一些情况下，也许需要变革内部压抑的文化，变得更具适应性和反应性；在其他一些情况下，可能需要领导者提高技术水平，优化内部工作流程，或者确立、交流和执行一项新的或已有的战略。

是什么决定了领导者需要亲自完成这些任务呢？也可能是因为没有其他人选，也可能是因为这件事情需要一位有特定头衔、特殊身份和一定权力的执行者来完成。如此考虑其实很正常，例如，在处理与一些重要供应商或者主要客户的关系等问题时就需要领导者出头。同样，任务的基本特性也决定了需要领导者的参与。一个团队或者组织的发展愿景和任务的确定、表现不佳下属的处理、工资支付的确定、组织结构的变更，都需要广泛的参与和一定的权威才能完成。影响雇佣状况的一些艰难抉择，例如迁址或将原来的内部供应改为外部供应等情况，总离不开领导者。以结果为导向的领导者的成功之处在于做那些只有他们才能做的事情，并且不会因为自己不愿意接受这些困难任务而妨碍组织的前进。

撤销项目、关闭没有收益的销售办公室、停止一系列研究以及重新进行人员安置以实施新的工作流程，所有这些执行起来都很困难，而这正是领导者的责任所在。但是，当这些问题影响到公司绩效的时候，如果还不进行干预，就会对领导者本人及其领导力产生不利的影响。如果不干预，决策者就完完全全地变成了一个趋炎附势者，而且也就失去了成为强有力的、以结果为导向的领导者的机会。

有些领导者期望他人创造出有效的结果，却没有认识到自身创造的结果可能是组织全面成功的关键。以结果为导向的领导者在做决定上会很坚决。如果由于领导者的优柔寡断而使工作拖延或者变得混乱，那么这位领导者就是领导失败，并且阻碍了整个组织体制的发展。即使他最终做出了决定，组织也会陷入迎头追赶的艰难境地，并且也会因为效率低下、时间拖延、缺乏协调而产生高额成本。

5. 以结果作为是否继续现有领导力实践或者实施 新领导方法的评判标准

从长远来看，以结果作为领导力实践好坏评判的标准将会极大地改善一个人的领导风格。那种"命令和控制"型的管理实践也必将被终止，而逐渐偏向于"交流和承诺"，这就要求雇员的高度参与。这样的管理系统，正如日本和斯堪的纳维亚半岛的公司所表现出来的那样，在质量、创新和生产力方面取得了更好的结果。美国的工业，比如汽车工业，在全球拥有很强的竞争力，但如果不变革自己的管理方式将无法保持其全球竞争优势。领导力实践得不到变革，因为高管和经理们疲于做独裁式的决策；几个世纪以来，领导者一直很满足于"命令和控制"型的管理方式。只有当这样的管理方式造成落后的结果时，人们才会最终摒弃它。

同样，我们知道自20世纪50年代以来，扁平化的以及更少层级的组织比起高度官僚化的组织更能吸引具有创业精神的人才，更能达到更高的业绩水平。但是，直到20世纪80年代，机构组织才开始追求扁平化并且精简规模。原因何在？因为当组织取得的平庸结果不再为人们所接受的时候，才必须开始变革。同样，变革的原因不在于理念上的变化或者摒弃以管辖人数来评判领导者价值的方式，真正的原因是结果占据了核心位置而且不容再被忽视。

任何从结果入手进行变革的领导者，都会觉得风格方面的问题容易解决。现有的方式肯定会改变。任何的管理实践方式或策略都应通过"它会产出什么样的结果"这个问题来检验和判断。领导者绝不能再用诸如"我个人偏爱哪种方式"或"什么样的领导方式让我觉得最舒服"之类的问题来进行判断了。

第二章到第六章为领导者努力为组织争取员工、组织、顾客以及投资者结果提供了一些具体的思路。其中包括以下重要的几点：

- 强调重点。
- 优化工作流程。
- 变革组织结构。
- 改进薪酬体系。
- 将内部运行的特定活动外包出去。
- 提倡对组织文化变革进行干预，例如，通用电气公司的"群策群力"。
- 鼓励开展员工能力拓展活动。
- 设立绩效管理制度。
- 明确发展愿景、价值观和任务。
- 改善评价机制。

领导者应该如何决定遵循哪种或哪几种思路？领导者很容易落入随大流、效仿他人、屈于董事会的压力或外来顾问人员的建议的窠臼。在这个问题上，领导者使用的试金石应当简单明了，即哪种思路对我们的结果影响最大，就采用哪种思路。

有些吹毛求疵的人认为全面质量运动已经过时，或者已是强弩之末了。该理论风行了 10 年，并且创造了辉煌的结果。然而，正如任何受欢迎的运动一样，公众对它已经厌倦了，进而转向了下一个"流行节目"。但是，让我们考虑一下杰克·韦尔奇所做的关于通用电气公司将实施"六西格玛"全面质量计划的声明，该计划的目标是使产品和服务中的不合格率达到百万分之三点四。一些观察家对韦尔奇实施这种过时的计划表示震惊，但是韦尔奇关注的仅是该计划为通用电气公司带来的结果，而不管它在政治上是否正确或者是不是时髦。

6. 抓住机遇，并参与能够助你取得更好结果的拓展活动

领导者如今参加很多号称能让他们更高效的活动。他们去听专业学者和管理大师所做的演讲，去读最新的管理学论著，去参加商业模拟练习，去参加实验学习活动（这些活动通过小型的、促进性的团队活动来检测参加者的交际行为），去加入行动学习项目团队（团队中的领导者共同解决组织所面临的实际问题），去讨论商业案例研究，以从外界获得洞察力。

他们也向自己或组织内的其他人寻求见地，以强化自己的技能。他们进行大量的心理测验，以测量自己的个性或社会技能；做一些文件筐测验练习以模拟文件处理；对着录像机做陈述预演，并获得如何改善面对面交流的反馈；向上司、顾客和下属发放 360 度反馈表以收集他们的意见；参加挑战身体素质的团队活动，比如皮艇运动、爬绳或攀岩、登山等，以建立团队合作和自信心。

这些活动也许都有价值，但是价值所在和价值大小取决于信息源的价值、学习者的接受水平，以及这些技能、信息或见识在应用方面的即时性。当一项拓展活动与它应该生效的时间相差较远时，实施这项活动的效果也就大大降低了。衡量一项拓展活动价值的最基本的方法之一在于：能否现学现用？

正如第二章中所论述的一样，以结果为导向的思路能够引导领导者在各种拓展活动中有"我做某事是为了达到某个目的"这样的想法。如果学习一个商业案例、聆听一场演讲、进行一次心理测验、做一些文件筐测验练习或者从事任何其他时髦的领导力培训活动，都不能获得一些重要的结果，那么做这些事的意义何在？它们与领导者的工作有关系吗？这样做会有回报吗？效果能够持久吗？

领导者一定要有针对性地参加一些活动，并且保证这些活动能够使他们在个人成长中受益。量身打造的活动当然最好。而把众多的决策者集中在一间教室里，给他们提供完全相同的材料，或者让他们参加完全一样的活动，很难符合并满足他们各自不同的学习风格和要求。这就像不管病人的病症如何，给他们统统都开百忧解这种药，或者将所有人的阑尾都割掉一样。每个人都会说："这太愚蠢了！"但是，参加拓展项目的大批领导者所享受的确实是完全一样的"礼遇"。

领导者需要有效地参加拓展活动，要做到这一点：一方面，他们要充分利用参加拓展活动所花的时间；另一方面，还要牢记下面这些原则。[3]

- 选择一些研究透彻的并被证明在概念上是站得住脚的、实在的、有用的内容。避免参加一些太过学术、纯理论或者仅仅是讲故事性质的会议。

- 选择与工作相关的活动，例如行动学习项目，众多领导者共同处理实际问题并从中学习。

- 选择个性化的、量身定做的领导能力拓展活动。这包括从同行或同事那儿收集反馈，以及参加个性化的指导等。领导者要对自己的短处心知肚明，并选择参加那些能够弥补这些短处的拓展活动。

- 选择主动参与而不是被动接受的活动。人们在深度融入其中的时候学到的更多，而且学到的东西也不会很快忘记。一场生动的、求解性的讨论会比那些最投入和最有说服力的演讲者的说教对人更有影响力。

- 选择连续的或在时间上分次进行的活动，而不是单项活动。这样，学到的会更多，记忆会更深刻，在实际工作中应用的可能性也就会更大。

- 选择那些能够现学现用的活动。多数培训都有明确的"半衰期"，如果不能学以致用，很快就失效了。

- 选择结果可被衡量的活动，让参加者看到学习的效果和运用的结果。

- 保证每项拓展活动都与明确的结果联系在一起。

不管是公共部门还是私营部门中的大型组织，都越来越把雇员的个人发展看作是雇员自己的事情。这些组织不再为他们规划职业方向，转而推崇员工的自我发展，并且还不时地告诉员工应该在哪些方面提高自己。当前的领导者必须对自己的发展负责，在内容和时间的选择上都要注意。领导者一定要保证能够持续不断地发展和提高自己。

7. 全面了解并充分发挥团队成员的能力，为其提供恰当的发展机会

为了增强团队能力，并且保证团队能力符合组织能力和发展目标，领导者一定要了解每个团队成员的长处和短处，以便扬长避短。首先，领导者应该评估并掌握自己所负责员工的目前的能力水平（请参见

表3－1所示的类似的评估表格）。然后，在对组织的整体知识资本进行分析之后（第三章也有一个类似的练习），领导者应该明确组织正在使用的用于提高雇员能力的6B方案及其执行情况。接下来，领导者应该留意雇员的生产能力、周围环境、各项调查结果以及员工流动指标所显示的团队成员履行职责的水平（同样利用第三章中的方法）。最后，他们应该利用第三章所展示的核对清单，来为每个员工安排适合其发展的工作并提高其责任心。

为提高下属的品质而开展拓展活动是正确的，尤其是当下属的某些品质妨碍其成功的时候，这样的活动就更加必不可少。但是，决策之前一定要先做考察。领导者和员工应该能够出色地回答下列问题："这个人的行为会产生_____影响，我们想改变它是为了_____?"如果这些行为没有明显的负面影响，或者拓展活动所带来的改变没有带来明显的效益，那么这些拓展活动可能就是一场不必要的操练。有效的、以结果为导向的领导者看重那些能够产生重要的短期成果的拓展活动。

8. 在能力所及的各个领域进行尝试和创新，并不断寻求新的思路以提高业绩

以结果为导向的领导者往往不死守那些曾一时有用但如今不再有效的理论或观点。举例来说，有些人把分权当作神圣的组织原则，将其铭刻在每个公司总部的基石上。但是，近些年来，很多组织发现一些事情放在一起做反而更经济，其中包括诸如差旅报销之类的规模很大但价值很低的项目。一些财富500强的公司在调查工薪成本时发现：尽管每张工薪支票的平均成本在5～6美元之间，但是一家将职能集中的公司每

张工薪支票的成本却只有 72 美分。应付账款、应收账款以及雇员福利诉求在集中处理的情况下往往更经济。

几十年来，大家普遍认为领导者所能管理的人数最多在 7 ~ 12 人之间，这已是为人广泛接受的管理学公理。后来出现了新的组织形式，其中包括自我管理型团队：一位领导者现在或许能够管理 60 ~ 70 人。生产力提高了，质量改善了，斗志也提升了。相比之下，原来的管理效率就远远不够了。换一种不同的方式也许能取得更好的结果，在有益的探索中创新和实验是必不可少的。

对于任何合理的建议，有些领导者本能的反应是："好，让我们试一下。"而面对类似的情况，另外一些领导者却会不经思考地回答"不行"。这两类领导者所营造的团队文化就截然不同。倾向于顽固守旧、保持传统和沉湎于过去的组织之所以如此，正是听任其内部占多数并且总说"不行"的领导者的结果。相反，那些适应性强、乐于变革的组织中的领导者往往愿意听取每个人的建议，并且鼓励员工尝试任何对他们有意义的事情。

很多人觉得意见箱太过落后，但是一些组织如今却让它们派上了用场。任何一种鼓励人们去创新和实验的机制对组织来说都是有益的。这类组织中的领导者不仅提倡思想开放和接纳包容，还会创造一种利于组织不断提高和创新的文化。

第四章论述了许多领导者可用于培养组织能力的具体策略。最重要的几点如下：

- 确保现行的组织在正确的位置上，做出这一判断基于组织的能力，而非组织结构。
- 开发高效的体制和工作流程，从而优化工作。

- 培养组织的基本关键能力，并对其进行监控。

- 培养组织的学习能力（见表4-3）。

- 控制组织工作的节奏，对组织工作进度、灵活性、适应性和责任心等方面的情况进行评估。

- 追求一种管理无边界的心智状态，让员工和想法在各组织单位之间自由流动，并且在必要时使用虚拟组织（参见表4-5）。

- 保持担负责任的风气，不断鞭策员工以保证如期完成工作，确保优异质量，并时刻把顾客的利益放在心上（参见表4-6）。

9. 用正确的标准衡量，并不断提升标准

如果本书为领导者只传达一种信息，那就是：结果很重要，并且结果一定要得到衡量。以结果为导向的领导者，一定要习惯各种衡量方法。他们必须创造一种独一无二的评判标准来监控组织的表现。没有（也不应该有）完全相同的两套标准。问题的关键在于要选择一些真正有价值的衡量方法，通过它们，领导者以及任何人都可以了解组织的表现情况。

领导者应该定期亲自核算评判系统上的数据。尽管这些数据绝大部分可以通过计算机进行计算，但是拿起纸笔来计算这些数字的做法是无法被替代的。算一算自己公司主要产品的毛利，算一算每位销售人员的收入……动动笔，也许数字就变得鲜活起来，其意义不仅如此。领导者当然不能成天做会计员或计算机应该做的工作，但是不论做多做少，只要真正深入研究这些数字，并了解数字背后的意义，领导者就能从中获益。

通过测量获得的结果应该尽可能地以一种简单的图表形式展示在公众场合。只带有数字的一栏栏表格不够吸引众人，而柱状图、饼状图等简单的图形更能吸引人们的眼球，更易于传达信息。有一天，快下班时，企业家查尔斯·施瓦布（Charles Schwab）访问了他的一个炼钢厂，他拿出一支粉笔在地板上写下了当天白班所制造的钢锭数目。晚班工人见到地上的数字，就把它当作超越的对象，着手制造更多的钢锭，并把生产的钢锭数目也记在地上。日子一天天过去，生产力不断提高，而这只因施瓦布在工厂的地板上写下的那个数字。

把在经历——特别是那些由特殊决定而获得结果的经历——中学到的东西记录下来，领导者也能从中获益。在你做一项决策之时，试着把你期望的结果写下来，并和最终取得的结果进行比较；也应鼓励每位团队成员把自己的决定、想要的结果以及实际的结果记录下来。这样就会形成一种机制，提醒我们什么能够带来成功，什么能够带来失败。领导者可以自问也可以询问他人，怎样才能提早预见问题，以及获得巨大成功和遭遇惨痛失败背后的真正原因是什么。记录这些信息，能够帮助我们探寻那些被人们忽视却又十分重要的反复出现的因素。

10. 不断采取行动，改善结果

要获得结果，领导者必须采取行动。这并不意味着无的放矢或者盲目行事。但是，如果说领导即意味着获得结果，那么领导者就必须时刻将获得结果作为领导的最终目的。领导者对工作中的方方面面都有必要采取行动。

在员工招聘方面，领导者必须保证组织能够招聘到那些取得过成就和业绩的杰出人才。领导者自己常常会表现出一些人格或性格方面的缺憾，如果不影响工作，这并不重要。但值得注意的是：领导者不能主观或蓄意地违反公司的价值观，也不能在其经营交易中做出不诚实或不合伦理的行为。这样做就等于毁了公司。

领导者对于要完成的任务一定要有规划。应该给予任务团队清楚的命令，要求其在60天内或者其他具体、合理的时间框架内实现自己的目标。不应该要求委员会去研究问题，而应该让他们负责了解问题、提出解决方案并在方案通过后立即实施。组织的每项决策都应该获得明确具体的结果。

领导者一定要善于交流和沟通。对于要取得的最终结果，要表现出他们的热情和积极性。对于最终的目标心知肚明、对于实现目标的过程积极热情、必要时能够并且愿意与更大的组织进行交涉，这样的领导者更有助于项目的长远发展。

领导者关注实现结果的机会。通过把注意力集中在员工能做什么而非不能做什么方面，领导者在强化结果观念的同时又能够避免对时机的无动于衷。大型组织颁布了许多有关禁止事项的条条框框，如果把这些精力用在如何扩大员工的行动自由方面，组织的生产力不知会提高多少。如果员工有充分的理由保证变革不会对他人产生负面影响，领导者就应该鼓励有好想法的人放手去做。

11. 加快团队发展的步伐和节奏

改善团队结果的成功做法就是加快团队发展步伐，强调速度，更快地完成任务。

这里说的不是要求人们像经典无声电影《摩登时代》（*Modern Times*）中的查理·卓别林（Charlie Chaplin）那样，拼命地跟速度不断加快的传送带赛跑，直到自己被卷进巨大的齿轮之中。要避免从事那些走不长远且令人狂乱的工作。

组织会慢慢养成一种做事的步伐和节奏，但是这种步伐和节奏很容易变得拖沓缓慢。领导者加快团队做事步伐和节奏的最具挑战的做法就是将团队完成任务的时间缩减三分之一或一半。这样会迫使每个人改变做事的心态。人们不会再自问"我怎么才能做得更好一点？"而是开始询问"我们为什么做这个？这个是必要的吗？"这样的问题。虽然不能一概而论，但是对大多数组织的活动来说，真正加快活动步伐就需要去掉一个或多个任务环节。

每个部门其实都可以采纳这条简单的建议。人事部门可以把设计一套新的薪酬体系的时间压缩至一半。客户服务部门可以把回答客户咨询所需的时间压缩至一半。订单执行部门也可以缩短反应时间。

提高速度与削减成本之间似乎具有相互矛盾的因果关系。很多人在直觉上认为，事情做得越快成本就越高，但是一般来说，情况却恰恰相反。将完成任务的时间缩短，有利于减少一些不必要的环节，正如藤壶不会聚集在高速行驶的轮船船体上——它们可不想被冲刷下去。

领导者以身作则对于加快工作步伐和节奏具有重要作用。领导者工作的快慢往往决定着整个团队工作的快慢。领导者不顾一切地按时完成工作或任务时所表现出的奉献精神，同样会激励团队其他成员也为组织做出类似的奉献。

12. 从组织中其他人那里寻求可以改善结果的思路反馈

对于领导者及其团队如何表现得更好以及他们能为整个组织带来什么好的结果这个问题上，局外人也会提供一些有价值的看法。有关研究发现，即使是在有上千个高级经理的大型组织中，每位领导者平均也会对其2/3的同事的领导行为有强烈的意见。

直接找同事聊聊，咨询一下他们对你的看法，同时提供给他们一份他们团队优缺点的分析情况。一般来说，下面这些问题能引导出有价值的评价，尤其是来自组织内部或外部顾客的评价。

- 对您来说，我们现在取得的结果是您想要的吗？
- 如果不是，那么您想接受什么样的结果？
- 对您来说，我们的任务是否完成得及时？
- 我们任务完成的质量是否合格？
- 您是否知道提高我们效率和生产率的办法？
- 您有什么建议能让我们更好地满足您的需求？
- 对于现在还没做的事情，我们应该如何开始？

组织中很多重要的工作并不是在传统的层级上完成的，而是在链接各项职能活动的水平通道中完成的。要改善结果，领导者一定要清楚这些通道中传递的是什么，也就是说，确保传递的内容正是所需的，确保时间上的及时和质量上的优质，确保是通过最优的方法产生的。

13. 让下属和同事认识到你成为领导者的动机是最终想取得积极结果，而非出于个人或政治利益

每个组织中都有一大批想当领导者的人，但他们的动机是错误的。他们就像扑火的飞蛾一样，受到光亮的吸引，却最终被炙热的火焰烧焦。飞蛾的下场与自己期望得到的结果大相径庭。

对当领导来说，也是一样。一些人察觉到了那些不幸毁灭了很多人的诱惑和陷阱，一些人则期望获得领导职位会赋予他们凌驾于他人之上的权力，并把职位看得比自己的思想和责任更重要。他们觉得领导者的公众形象光鲜迷人，领导者的日常工作（例如，坐镇指挥某个团队、主持员工会议或者分配任务）则是获得声望的源泉。一些人看重的是领导者的高收入、大头衔、华丽的办公室、最好的停车位、自由的费用支出；或者是被人前呼后拥的感觉，以及领导者在处理危机时的威风等。还有一些想当领导者的人错误地认为，领导者无须付出太多和拼命地工作，要做的只不过是监管好组织中的其他人罢了。

领导者当然也有上述的种种好处。以上对领导者的这些肤浅的、鼠目寸光的看法，恰恰忽视了领导工作的实质——确立目标、付诸努力和赢得结果，同时还忽视了一些东西：领导者奋斗的热情和为获得巅峰结果而历经的艰苦。

一个组织让几百位专业人才参加了为期一周的职业发展研讨会，让他们感受一下当领导的感觉。1/3 以上的参加者体验结束时总结道：处理所有复杂的人事决策和文书工作、主持会议、负责管理其他人的工作等并不是他们想做的事情。对于如今从事的工作，他们表示很满意，并

认为领导者只是众多职位中的一个，并不是唯一一条重要的、充满挑战的通向未来之路。虽然一开始被领导者角色这个美丽的光环诱惑，但他们很快意识到，作为领导者所要承担的责任和从事的活动对自己来说一点也没有吸引力。

以结果为导向的领导者决不能让自己的下属或同事形成一种肤浅、自私或者具有政治动机的品质。

想成为一名领导者的正确动机应该是：希望看见值得做的事情最终能取得好的结果。具有这种动机的领导者才有动力去努力获得积极的结果，并且愿意为此承担个人职责。优秀领导者的另一重要动机应该是希望通过团队高水平的表现来增加他们的结果，因为团队力量比个人会创造更大的结果。

对于能够思忖未来的领导者来说，一个亟待解决的问题应该是：我能为组织留下什么遗产？"神童 MBA"走向管理岗位并在 9 个月后又离职的情况已经一去不返。大多数组织想让人们从他们的行动后果中吸取教训。一些领导者让组织变得死气沉沉，而另一些领导者则使它们变得比之前更加强大。

14. 把团队成员为努力赢取结果而采取的方法模型化

领导者发挥引领作用，而优秀的领导者值得追随。确实如此，绝大多数领导者被选中是因为他们最能代表团队的价值取向。

块头最大、性格最果断的人才有资格成为小团体中的老大。体格最健壮的女生才能带领整支女足球队。枢机团在选举教皇的时候，其选择的标准是看谁最能代表罗马天主教会的教义，他们希望被选举人的行为举止能够成为教士和天主教徒期望效仿的楷模。任何一个组织在选举领导者时，其选择的默认标准之一便是被选举者的行为体现组织价值观念的程度。领导者履职之后，他们的行为举止必须成为组织内每个人的榜样。

如果领导者连发送和接收电子邮件都不会，并且还不屑学习，就向组织内的其他人大呼科技的重要性，其招致的将是人们的窃笑而不是顺从（更不用说热情了）。销售经理在从容回答销售新人提出的关于如何处理固话通信费用、如何解释私用公司汽车以及如何归档招待客户的付款凭单等问题时，应该对他们说："知道了吧，要做得像我一样。"

作为领导者，当发现组织缺乏紧迫感的时候，要加快组织发展的步伐。组织紧迫感的形成，来自于领导者所讲的话、所做决定的速度以及所奖励的奖品。如果领导者担忧职业道德衰败，就应该通过长时间工作、节省吃饭时间、保持高水平的生产力来树立一个好的榜样。领导者常常只关注他们团队成员的工作效率而忽略自己，岂不知他们的工作效率才最受周围人的关注，并且他们的工作效率水平也会影响团队成员的工作效率水平。

领导力发展是自我发展

最后，所有领导力发展其实是自我发展，最强大的自我发展会在工作中表现出来。每位领导者可以凭借现有的权力采取一些措施，以加快获取结果的步伐。他们可以参加一些高质量的领导力发展项目，但是对于那些无法参加这些项目的领导者来说，本章则为他们提供了许多在工作期间便可提升领导技能的方法和建议。心怀取得不断改善的结果的执念，有利于领导者保持持久的积极性，激励他们不断努力，增强他们期望获取更多结果的信念。

明显的一点是，能够促使他人改变自己行为的领导者，不仅会对他们为公司做出的贡献，最终还会对他们的态度和性格产生深远的影响，这些影响比起灌输新的信息、改变态度或者提升形象来说，是更高效的领导行为。

第八章
领导者培育领导者

以结果为导向的领导者有责任去协助其他领导者达成结果要求，去建立一支后备领导队伍。领导者只有去培育领导者，既存结果链才不会因其中一方的率先离开而终止。从根本上来说，以结果为导向的领导者之所以成功是因为所培育的下一任对象在获得结果方面更优于现在的领导者。

一个组织的最高决策者在领导者培育领导者方面担负着最为重要的责任，他必须保证下一代领导者所创造的结果超越现在的领导者。但是，该责任通常也会被组织中的每一位领导者以及设计领导力培训活动的首席学习官（或其他人力资源管理专家）所共同分担。

本章为所有领导者提供了一份培育具有深度的领导者队伍的指南，同时也为如何在提升领导力品质方面最有效地投入经费提供了创造性的建议。要将理论付诸实际应用，领导者必须懂得领导力特性与领导结果的关系，还要明白如何将二者融入领导力培训活动之中。

领导力特性与领导结果间的良性循环

要实现有效领导必须将领导力特性（身份、知识与行为）与领导结果联系起来。领导力特性与领导结果是一位成功领导者所必须具备的基本素质。近来很多关于有效领导力方面的研究以及文献过于注重领导力特性而忽视了领导结果，本书通过聚焦员工、组织、顾客和投资者方面的结果，能够帮助领导者在这两个因素之间找到合理的平衡点。

当领导者既明白通过做哪些具体的事情能够变得成功（领导结果），又认识到应该知晓什么并付诸相应行动才能成功（领导力特性）时，他们便步入了图8-1所示的良性循环中。置身于该良性循环中的领导者能够认识到所实现的领导结果与这些领导结果是如何获得的这两个问题之间的联系，并且明白为什么特定的领导力特性能够影响领导结果，以及领导力特性是如何衍化成为领导结果的。该良性循环替换了过分关注领导力特性或领导结果的恶性循环，[1]因为领导力特性和领导结果缺一不可。只具备领导力特性但缺乏结果导向观念的领导者，尽管拥有良好的天赋与品行，但却不知如何实现或是无法实现目标；而光谈结果却不具备领导力特性的领导者，只会带来短期的、不稳定的结果。

一些部门经理、人事经理、组织者和领导者都有各自的或是偏向领导力特性或是偏向领导结果的倾向。在图8-1中，这种偏向可被标示为领导力特性倾向（标示为1、2、3或4）或领导结果倾向（标示为A、B、C或D）。当部门经理强调领导结果（C或D）而人事经理强调领导力特性（3或4）的时候，尽管这两类人都有着培育领导力的共同目标，但最终都落入了恶性循环的窠臼之中，各执一词，相互孤立。最终，他们会因什么才能造就一位成功的领导者意见相左而不断争辩，而并非同心协力去打造更出色的领导班子。

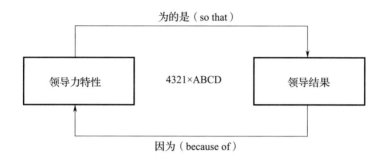

图 8-1 领导力特性与领导结果的良性循环

图 8-1 对有关领导力特性或领导结果的组织倾向也做出了相应标示。在一家公司，高层领导团队的成员们对他们认为公司对领导力的关注点在哪里进行了评分。每个成员都认为得分是 C 或 D。这一共同的偏向使得他们认识到了自己在领导团队培养工作上的不足：他们在结果和实现结果的压力上过于劳心费神，为之所累，以至于忽视了对长期领导力的培养。

领导者本身很有可能对领导力特性或领导结果有着自身的倾向。了解自身倾向后，领导者便可以尝试寻求不同方案以确保领导力按良性循环发展。偏向于结果的领导者可以通过审视个人特性来稳定结果状态，而偏向于领导力特性的领导者则可以对自己必须实现的结果进行更严格的定义。

一家公司将培育领导力作为优先发展目标，并责成人事部门建立公司自己的领导力特性模型。人事部门花费大量精力后所建立的领导力特性模型包括了针对该组织的能够产生有效领导力的 10 条素质。每种领导力素质都以行为锚定进行了评价，并且通过全面的反馈表进行了排列。然而，除了几次探索性的会谈之外，人事部门制定模型的过程并没有高级经理的参与。这些高级经理只是在最后批准认可了提交给他们的模型，却并未感受到太多身为主要制定者的感觉。他们没有运用该模型进行领导力评测，也并未把它当作发放薪酬和任命晋升的依据，而是最终选择绕过由该模型得出的结果。尽管人事部门再三试图推行该模型的运用，但在短时间内，决策者们已经对之索然无味，该模型在培育领导力方面变成了鸡肋，所得到的应用也越来越少。当被问及此事时，部门经理们的回答是：尽管模型本身没有任何问题，但是它与公司的经营运作几乎毫无关系。这些部门经理们把它当成了一个与公司运营毫无关联且收效甚微的活动。部门经理们关注领导结果，而人事经理则更注重领导力特性。这就最终导致鱼和熊掌不可兼得，领导结果和领导力特性无法全面发展。

上述的恶性循环只有当领导力特性与领导结果彼此明确地联系起来时才不会产生。对于领导者个人来说，这种联系既有助于个人成功，也能提高培育出既有领导力特性又能实现结果的未来领导者的能力。而对于那些肩负着培育领导者队伍重任的人来说，这种联系则可以保证领导培育资源的合理分配。

从领导力特性出发：将特性与结果相互联系（为的是……）

笔者最近参与了一个时长为一周的领导力培训项目，项目于周一上午开始，开场首先由项目高级主管对该项目做大致介绍。面对台下所坐的一众兴致勃勃的听众，她激昂地颂扬了领导力、职责和责任心对于他们梦想成真的重要性。当天下午，每位参加者都收到了自己的全面反馈信息，了解到自己在一系列的领导力特性方面是如何被主管、同事、客户和下属所评价的。这些反馈信息构成了这周培训的基础，并且这些信息与接下来的各个模块诸如确立愿景、管理团队、化解冲突、变化革新、认知客户以及全球化思维等内容都相互关联。周五项目结束的时候，本书作者团队的一员和所有与会团队分享了他对领导力的看法，当提及将领导力特性向领导结果转变的重要性时，很多与会的部门经理明白了他的意思。然而，那位设计了该培训项目的人力资源主管却站起来说道："你的这种理解等于我们这一星期的功夫都白费了。"她对我们所讲的"仅仅拥有领导力特性是不够的"言论大感沮丧和失望。以领导力特性作为出发点的领导力开发培训需要最终落脚于结果。其中一个方法就是运用在第二章中介绍过的"为的是"验证方法："领导力特性X是重要的，为的是我能实现结果Y。"该验证方法具体分为以下三个步骤：

步骤一：获取完成战略所需的领导力特性

挖掘出对于一个公司领导者最为关键的领导力特性的方法有很多，而一个行之有效的领导力特性模型则能为企业的领导力培育提供理论基础，它代表着领导者的身份、知识和行为。有效的领导力特性模型需要行为化，以未来为导向，并与领导实践相互联系（例如人员配备、培训和薪酬等）；它需要得到部门经理们的认可接受与实际运用，并贴合特定的经营战略，应用到组织内部各层级的领导者身上。找出领导力特性模型的责任落在了部门经理、人力资源管理专家、外部顾问人员等个人或其集合体身上。

特定的且具有战略性和未来导向性的领导力特性模型工具已经变得越来越流行。以职业建构工具集（career architect set of tools）为例，它就包括了一个合格领导者身上可能拥有的 67 种核心领导素质。运用检索方法，部门经理或人力资源专家便可以构建出任何指定领导团体所需的领导力特性子集。[2]

第一章总结了许多诸如此类的领导力特性模型，将它们以四个范畴区分开来（设定方向、激发个人责任感、塑造组织能力和展示个人品格等），并且界定了每一类特性的应用范围和工作中与之对应的行为表现。领导者可以利用表 1 - 1 找出成功领导者所需具备的领导力特性和行为。

步骤二：对于每一个推导出的领导力特性，让领导者通过完成"领导力特性……为的是……"的命题来确定需要或是能够实现的结果

领导力特性与领导结果的紧密结合创造了更完整有活力的领导力有效性模型。如前所述，四个必要的结果领域分别是：员工结果，或可衡量的人力资本（员工能力和忠诚度）；组织结果，或可衡量的组织能力（学习能力、速度、组织的无边界性和可靠性）；顾客结果，或可衡量的公司价值（目标顾客、价值定位以及顾客亲密度）；还有投资者结果，或可衡量的股东价值（成本的缩减、更高的增长率以及管理价值）。

上述四个方面所包含的每一种领导力特性，都适用于"为的是"这个公式，表 8 - 1 便给出了详细解释。表中第一列所列的每一个理想的领导力特性，可以根据表顶端所列的结果范畴来加以检查。这样，每个领导力特性就能唯一地以某个结果范畴来定义，并且各项领导力特性与四类结果范畴之间的正确联系也容易得到验证。

下面将列出这一"为的是"句子的几个例子。

表 8 - 1　将领导力特性转变成领导结果（为的是……）

所列的领导力特性（出自第一章）	均衡的结果			
	员工	组织	顾客	投资者
理解外部				
着眼于未来				
化愿景为行动				
建立合作关系				
分享权力与职权				
建立组织基础				
部署团队				
促进变革				
树立积极的个人形象				
拥有认知能力和个人魅力				

- "理解外部，如此他们便可识别出目标客户，并在定位目标客户和创造独特价值上比竞争对手做得更好。"

- "化愿景为行动，以便组织能够比对手更快地做出反应。"

- "建立合作关系，以便员工能更忠于他们的工作团队。"

- "拥有认知能力和个人魅力，如此投资者会对管理团队感到放心可靠。"

我们的观点是，当领导力特性明确地与领导结果产生关联的时候，领导者便能够对他们应该完成的工作和如何完成这些工作有更清晰的脉络。"为的是"框架使得一个普适的领导力模型能够被用以适应组织中具体每个不同领导者的需求。根据领导者头衔、级别和需求的不同，同样的领导力特性能够引发不同的"为的是"反应。举例来说，对于"部署团队"这个领导力特性来说，它可以与不同的结果产生相互关联：对于级别较高的管理人员来说，合理部署团队，组织各部门、各产品线以及各区域间的边界能够得以清除；而对于部门经理来说，合理部署团队，工作团队中的每个个体都能够学到不同的技能，同时加强团队合作。

由于每位领导者都可能对"为的是"有着独到的见解，所以为了吃透它，领导者最好与自己的主管一起参与其中。这样做使得组织对领导力，也对个人获得特定结果所需拥有的特性有了一个共同的理解。

由于领导行为或举动与结果紧密相连，所以即便某些领导者已因强调了领导力特性的重要性而感到安全踏实，"为的是"检验仍具有启发意义。领导力特性应该与公司战略一致，并表明不同结果间的差别。但是，对于那些诊察了自己用来评估和培养领导力的全面手段的领导者，当他们在被问及自己部门的项目中有多大的比例存有"为的是"联系的时候，却发现只有15%~20%的项目有着明确的有效联系。所以，即使有着将领导力特性与领导结果相联系的良好出发点，如果没有"为的是"联系的反复训练，特性与结果间的联系也不一定会发生。

步骤三：评估领导力特性与领导结果间的相互联系，以便实现注意力与精力在四个结果领域间的平衡分配。要想这样做，需要逐项核查表8-1中的四栏结果，以检测注意力和精力在这四种结果之间的平衡情况

在理清每一项领导力特性与"为的是"之间的联系后，有必要回顾一下结果方面的整体反应（表8-1中的纵栏）。一些公司建立了大量与员工结果和组织结果有关的"为的是"联系，但是却忽视了顾客结果和投资者结果。它们强调领导行为能够培育出更有能力、更忠诚的员工和更灵活、学习氛围更佳、无边界概念更强、更具责任感的组织团体，但是这些公司的整体结果却是欠均衡的。

当然，不是所有的领导者都应该采用同样的员工、组织、顾客和投资者的结果组合。一个组织所需实现的恰当结果组合取决于组织战略和组织内的主流结果标准。领导者不论如何都需要在某种程度上去平衡这四个方面的结果以实现上述标准。那些自行学习了成功领导者须具备的素质，或其组织已在领导力特性模型上花费了精力的领导者，可以通过构建"为的是"联系并核实结果是否与所期望的组织结果或个人目标相一致的办法，来实现领导力特性向领导结果的转化。

从领导结果出发：把结果联系到特性上（因为……）

有的时候，领导者可以以领导力特性作为出发点来建立起特性和结果之间的良性循环；而有的时候，领导者则可以从结果着手，反过来连接领导力特性。对于那些以结果为起点的领导者需要弄清为什么所追求的目标结果能够得以实现，如此一来，实现理想结果的方法就能够得到恰当的复制运用。上述的方法论，即使结果是在领导者的控制之外巧合实现的，也是成立的。具有代表性的类似巧合情况有：经济蓬勃发展带来了收益回报，优质新产品提高了顾客忠诚度，或是优异的地理位置和工作地点为业务经营吸引来专业技术过硬且忠诚的员工。注重并取得结果的领导者，如果不完全明白结果从何而来，就无法再获得结果。所以，对于为什么结果能够得以实现拥有一个清楚的认知，也许比获得结果本身更有价值，而且这种价值更具持久性。

曾经取得过成功的领导者到了不同的环境与背景里后往往难以再次成功。有些领导者或许尤其适合某种特殊类型的结果挑战——例如力挽狂澜的情形，在这种情况下，他们能够迅速找到扭亏为盈的办法；再例如失信于顾客的情形，这时他们能够通过个人在此领域的天赋重建与顾客的亲密关系。当对某个结果方面有天赋的领导者被支去应付其他结果方面的事情时，他的表现往往令人十分失望。

这些领导者不再把创造结果看作一种孤立的事件行为，他们审视在获得结果上自身还缺乏的领导力特性，然后找出他们所追求的其他目标结果所需的领导力特性，并努力获取它们。从领导结果到领导力特性的逻辑关系可以用表 8 – 2 所示的"因为"来表述。它同表 8 – 1 中的"为的是"原理相同，只是它的出发点是领导结果而不是领导力特性。

表 8 – 2　将领导结果转变为领导力特性（因为……）

领导力特性类别 （出自第一章）	均衡的结果			
	员工	组织	顾客	投资者
设定方向				
激发个人责任感				
塑造组织能力				
展示个人品格				

步骤一：在操作上将所求结果逐步分解，制定出实现所求结果的战略

正如之前第二章中探讨过的，领导者需要关注四个方面的结果：员工、组织、顾客和投资者。第三章至第六章对如何在这四个方面产出显著、可执行并且可以融入任何经营战略或企业文化的结果提供了指导性意见。以结果入手的领导者可以通过回答下面四个问题，实现具有上述特点的各种愿望和目标：

● 本组织单位的战略是什么？（我们要努力实现什么？）

● 在员工、组织、顾客和投资者这四个关键结果领域中，我最有责任实现哪些结果以协助该战略的实施？

- 这四种结果如何在重要性上得以平衡？（这可以通过把 100 分在四个结果方面进行分配来体现，每一方面的得分不能高于 60 分也不能低于 10 分。）
- 如何衡量我在四个结果方面的表现？

通过对这四个问题的回答，领导者就能够更加明确组织希望他们所实现的目标。

步骤二：界定实现结果所需的领导力特性

明确了期望的结果之后，领导者一定要补充完整"因为"命题，该命题与上面提到的"为的是"命题相对应。概括地讲，该命题表达的意思大致是："因为我有领导力特性 X，所以我才能获得结果 Y。"当领导者能够回答这个"因为"命题的时候，也就意味着他可以把结果转化成领导力特性了。能够做出该举动的领导者拥有辨别出实现结果所需的领导行为的能力。这是实现领导行为并最终获得结果的第一步。表 8 - 2 阐释了一种可以帮助领导者分辨并且正确强调与战略一致、合理平衡且最为理想的结果的方法。下面举几个例子来补齐"因为"命题中的空白栏目。

- "因为高水准团队部署得当和相互信任的企业文化的建立，从而实现了更高的员工忠诚度和更低的员工流失率。"
- "因为组织各单位之间相互积极共享知识，从而建立起了学习型组织。"
- "因为具备建立以顾客为核心的企业文化的能力，所以能够与顾客建立起长期伙伴关系。"
- "因为鼓励变革和创新能力的增强，营业收入得以提升。"

以上每个例子中"因为"后面的内容，都构成了领导者要获得相应结果所必须展现出的领导力特性，每项特性都能从表 1 – 1 中找到。这些领导力特性为领导者如何投入自己的时间和精力提供了明确的指导方法。

步骤三：评估领导者个人最难具备的特性

那些从结果入手来找寻特性的领导者们，应该保持清晰的头脑，找出哪些领导力特性对他们来说是最难获得的，然后再特别花力气去把它们拿下。

只能实现特定范围内结果的领导者可以尝试上述方法，这是因为于他们只具备十分有限的领导力特性。当领导者认真研究"因为"命题的时候，他们甚至会发现自己原有的一些特性倾向在一定程度上甚至束缚着他们创造单位或集团战略所需结果的能力。尽管这不是普遍现象，但当领导者认识到获得特定结果所需的领导力特性的时候，当他在残酷的现实面前因缺乏这些特性而一时无能为力的时候，他们几乎总能找到学习或获取这些领导力特性的方法。那些无法清楚地认知自己所需的领导力特性或者拒不承认自己缺乏相应的领导力特性的领导者，往往无法获得结果。

总结：领导力方面的良性循环

当领导者弄清楚了他们需要做什么（结果）以及如何为人处世才能成功（特性）的时候，他们便实现了图 8 –1 中所示的良性循环。这样的领导者找到了"获得结果"和"这些结果是通过何种手段产生的"这两个问题之间的联系。如此，这些领导者也就明白了为什么特性会影响结果，以及为什么结果源自特性。当领导者们掌握了这些"为什么"的时候，他们就发掘出了属于自己的成功模式。领导活动既不是一种随意为之的行为，也不是重复进行的单一事件。通过回答"为的是"和"因为"这两类问题，领导力特性与领导结果之间就建立起了相互联系、相互作用的关系。

学习以结果为导向的领导力

为了通过传授关注结果的观念来提高领导力质量，领导力培训和拓展活动的新方法成了必要之事。

将结果观念贯穿于领导力培训活动之中

大多数为期一周的传统领导力培训项目都运用了或隐性或显性的领导力特性模式。在这些传统的培训项目中，每一天或每一个模块的培训内容都与具体的，领导行为有关（例如，设定方向、管理团队、勇于变革等），以供参与培训者课后温习。然而，对于这样的项目而言，即使它们产生了预想的效果，传授给了学员更多或更优化的领导力特性，但也并未从根本上帮助这些学员学到如何施行；培训项目所传授的内容或许已经偏离了重心，转移到了让学员们成为一个更优秀的人，而并不是帮助学员们获取更好的结果。

基于结果的领导力培训项目与上述不同。它首先要关注结果，其次才关注怎样实现这些结果。参加此类培训的学员会先后学到如何根据公司战略及目标决定要实现的结果，以及如何辨别和获取实现所求结果所需要的领导力特性。此类培训活动的大致框架如下所示。

结果判断

第二章中提及的战略框架表能够帮助培训中的领导者对其所需要实现的结果拥有一个明晰的界定。结果识别模型能够帮助领导者明确员工、组织、顾客和投资者四个方面结果之中每种结果的相对重要性。

员工结果

员工结果会增加人力资本。对领导者进行培训，使其评估和提升员工能力和责任心的活动有：在组织学习前收集齐员工个人能力信息、明确对员工的期望、对员工技术进行评估以及给员工提供增强其智力资本的机会。这些技能往往具备可迁移性，可以通过不同工作项目、行动方案和参与者与其员工之间的个人学习协议等形式来进行迁移（详见第三章）。

组织结果

组织结果涉及学习能力、速度、无边界和责任感。领导者对组织现有能力进行诊断，并且对成功所需的组织能力进行界定，可以通过分析判断公司在建设组织能力方面的成败得失来进行，并且可以通过实践项目、专题研究以及将组织当作实例的方式来进行（见第四章所提供的各种想法）。

顾客结果

通过识别目标顾客、定义顾客价值主张、搭建日益亲密的平台，以提升与顾客间关系的方式来积累企业价值。培训领导者提升企业价值的方法主要有：评估和预测顾客需求、与顾客保持伙伴关系、与顾客分享管理方法等。当顾客真正参加到培训活动中来，并且在与顾客亲密度问题上提供实时解决方案的时候，顾客结果的培训效果最佳（见第五章的更多内容）。

投资者结果

投资者结果可以从成本、增长或管理价值等方面提高股东价值。要培育领导者并使其能够维持稳定的财务业绩，首先要对其进行基本的经济知识培训，然后再着重进行诸如削减成本、创造增长和提升管理等方面的培训。对企业有着重要财务责任的投资者在研讨会上能够最好地将上述技能传递给他人，如此一来，潜在的领导者便能够理解他们的观点和期望（见第六章阐明的特定工具）。

"为的是" 和 "因为"

培训以结果为导向的领导者，要求领导者遵循图 8－1 所示的良性循环。这意味着，在培训会当中，领导者应具备辨别成功所需的特定领导力特性以及把这些特性与希望实现的结果联系起来的能力。如前所述，这一联系过程既可以从领导力特性开始，也可以从领导结果开始，只要最后把它们表现为由 "为的是" 和 "因为" 联系起来明确表述的命题就可以了。

蕴涵这种思路的培训项目能够通过要求学员回答 "在公司里要成为一名优秀的领导者需要做什么" 这个问题，把领导力特性转化为结果。运用第一章所述的内容，学员们可以归纳出一连串适用于图 8－1 中所示的特性——结果循环中的领导力特性，学员们再检查自身这些特性同结果的关联情况——这种关联往往是严重缺乏的。接下来，学员们应着眼于结果均衡的理念，将其需要用于满足四个结果领域战略的具体结果做出界定。最后，通过厘清自己原有的特性清单并完成每个特性规范所需满足的 "为的是" 命题，学员就能够建立起结果与特性之间的联系。

采用相反的方法的培训项目——从结果开始，也同样不失为一种成功学习的机会。学员们首先着眼于均衡结果的结构框架和成功结果的四个标准（第二章中的内容），将100分分配至四种结果当中从而确定自身的结果平衡，并把自己必须实现的特定结果记录在表2-2的每个象限中。在清楚、明确、具体地表述出这些结果之后，他们便可以推论出实现这些结果所需的领导力特性清单（一些有抱负的领导者能从表1-1的清单中挖掘出领导力特性的灵感）。最后，领导者制订一个90天计划，该计划能在他们获取知识、采取相应措施获得结果等方面起到有效的指引作用。要设计这样的90天计划，培训中的领导者应该回答下列问题：

- 我应该在哪些地方花时间？
- 我应该跟谁见面？
- 我应该问什么问题？
- 我应该收集、寻找或追踪什么信息？
- 我应该支持或资助什么项目或计划？

对领导者进行培训是一个庞大而且复杂的事业。对于结果的关注可以给此类培训带来些新的变化。这样，各类论坛、培训班、研讨会的参加者便能受益匪浅，不仅能学习到自己应该获得何种结果，还能够了解到获得这些结果所需要运用的方法。

将结果观念贯穿于领导力拓展活动之中

在培育领导者的过程中，各类培训班、课程和结构化活动都在不同程度上起到了积极作用，但是对于大多数最终成为真正的领导者并且实现长远成功的人来说，大部分领导岗位所需具备的技巧都是在个人经历中所获得的。[3]经历对人的影响更为持久。对学习者来说，经历常常由一个情绪化的事件或一连串的事件所组成。尽管经历能够带来改变，但是它带来的改变的效果却是视各种因素而定的，个人需要和偏好就是其中之一。直接经验的获取途径有很多种。

工作安排

如果目标是确保结果，那么给有抱负的领导者分配何种工作就可能会因人而异。比如，让在完成某项特定结果方面有天赋的领导者从事需要运用其特殊技能的工作，这种情况非常普遍。一位善于融洽顾客关系的领导可能会一直不断地在不同部门、集团或地理区域谋求新的工作，但是所有工作都是与解决顾客投诉有关。尽管此类工作变动在短期内或许具有一定意义，但是它却不能让有抱负的领导者在长期内创造均衡的结果。针对结果安排工作能够带给领导者特定的经验，从而使其能够经历并调控与所有四个方面结果相关的各种压力。这就是说，要考虑不同的工作安排会对领导者获得结果的能力产生什么样的影响。所以，一个强有力的客户经理可能会被调到一个具有高员工忠诚度的组织当中去，以此方法来培养这名领导者定义和获得结果的能力。

训练

领导者对领导者的训练通常集中在领导力特性方面，领导者以此帮助有抱负的领导者了解如何获取成功所需的领导力特性。以结果为基础的训练应该始于侧重结果的讨论，并运用第三章到第六章中的内容，帮助有抱负的领导者理顺将战略转化为结果的思路。然而，最重要的是，教练应该确保自己的学生透彻了解并运用图 8 - 1 中所示的良性循环理论，而处于该良性循环中的领导者则能在其教练的帮助和指导下，通过回答"为的是"和"因为"问题，不断地进行领导力特性和领导结果的相互转换。

导师指导

有抱负的领导者会向导师们寻求独到的见解和方向指引，导师们则会通过分享自身经验的办法来帮助对方。但是，针对结果的指导与传统的指导方法略有不同，它要求有抱负的领导者求教于那些善于创造结果的导师们，并且留心观察这些导师们是如何定义和获得结果的。此外，针对结果的指导也能够促使导师们不断关注此类对话交流以及教导，诸如需要什么结果、如何取得这些结果以及怎样把结果和领导力特性联系起来。

继任规划

随着企业再造活动的进行，很多企业在领导力培育发展方面后劲不足，所以继任规划工作的重要性愈发凸显。继任者的培训和规划不仅要着眼于潜在候选领导者的领导力特性，而且还要强调候选领导者已取得的和未来需要取得的结果。通过在诸如未来需要什么结果和有抱负的领导者怎样创造这些结果等方面设立要求，继任规划工作便能够得以有效开展。继任规划的对话应该以结果为开端，包括员工、组织、顾客和投资者等各方面的结果。接下来，领导者需要接受评估以了解其获得结果的能力。

行动学习

近些年来，行动学习成了领导者培训领域的主流趋势[4]，参与者以团队为单位运用特定的理念和工具去解决真实的商务问题与业务议题。

比方说，在一个公司中，参加行动学习的团队领导者被要求识别出不同的能够实现收入增加或者成本减少25万美元的项目或方案。接着一些小组会被挑选出来参加一个拓展体验活动，该活动能够让他们学习并运用能够获得25万美元结果的理论概念。这种行动学习项目之所以能够成功，是因为参加者能立刻将所学到的东西运用到正在进行的工作之中去。

注重行动学习的结果，意味着每个团队的工作都要有一套明确的结果指标作为指引。然而，比较典型的行动学习会偏重于投资者或财务结果，但囊括员工结果（吸纳保留更多有能力、有责任感的员工）、组织结果（在组织中营造速度观念、学习能力、责任心或团队精神）、顾客结果（与目标客户一起创造公司价值）的行动学习能够带来更丰厚的成果。随着在行动学习过程中对于结果有了更为清晰的认识，参加者就能够更好地改善他们的工作效果。

360 度反馈

如果添加了结果导向（就是简单地完善每一个项目的"结果是"公式），那么原本就已大有帮助的360度反馈则会如虎添翼。这种反馈体系对领导力的培训有着显著的影响，特别是在每位领导者的360度反馈都是为在特定工作中获得特定结果所需而量身定做的情况下。举例来说，所有领导者都应以未来为导向，这一点在领导者如何塑造队伍愿景、如何了解顾客、如何预计技术变革的程度上得到了良好的体现。一般来说，360度反馈工具反映了对上述技能和行为的需求（请参见第一章附录所示通用电气公司的例子）。尽管一个企业的领导者们都需要塑造团队愿景，但是这项任务对组织高层领导、一线主管以及中间各个层次的领导者来说都不尽相同。通过关注结果——即在每个个性化的360

度反馈工具中加入"为的是"表述，组织中各层次的领导者便能够在最大程度上获取信息并且从中受益。

特定技能培训

专题形式的特定技能培训市场正在蓬勃发展，常见的技能培训专题包括：面试、训练、业绩管理、主持会议、反馈和积极训导等，此类培训力图实用、与工作相关、具体且易于实施。在很多情况下，领导者或渴望成为领导者的人都觉得它们帮助很大。然而，如果加上对结果的关注，它们就会变得更加有用。这要求每个培训模块、培训班或角色扮演活动在其开始和结束的时候，都要对接受技能培训的组织的结果进行明确的阐述。"为的是"同样能够带来包含有结果观念在内的技能培训。举例来说，参加面试技能培训的经理们应该知道，当这项技能运用于实际中后关系到招录人员的能力。培训的目的不仅仅是为了更优质的面试，更重要的是通过更优质的面试在员工、组织、顾客以及投资者结果上产生显著的改善。培训师常常认为这便是他们正在从事的工作。但当参与者对培训的评价只显示出他们感到满意的地方是培训师的亲和力、培训内容的质量、培训场所的舒适性和培训的趣味性的时候，此项技能培训实际上并未充分地将结果内容体现出来。对学员学习效果的衡量，应强调他们认为所学技能对其组织均衡结果会产生什么影响。

表现评价

以结果为导向的领导力与表现评价联系紧密。对于以结果为导向的领导者来说，他们不仅应该关注那些结果或结局，而且还要关注实现结果的领导力特性或手段。以结果为导向的领导者应该参加培训活动，并且需要学会将这些经历与工作中的业绩标准联系起来。意识到这一点有助于避免或缩小领导者工作上所需要做的与培训中学到的技能之间的差距。

领导者培育领导者中的角色定位

培育以结果为导向的领导者的责任由不同的领导者承担。在职的高级管理人员作为领导者,所面临的培育下一代领导者的挑战最为艰巨,因为下一代领导者中的每一位都应该青出于蓝而胜于蓝。传统的培训经理以及资历更深的首席学习官,对于培育领导者有着直接的责任。从根本上说,组织中的每位领导者都必须要自觉地承担起培育未来领导者的责任。下面我们依次对这些角色进行讨论。

高层部门经理

索姆·尼尔森(Thom Nielson)是巴拉第尼(Baladyne)的 CEO,他从自己称之为"扣上衣服扣子"的经历中学到了高级领导力方面的重要一课。尼尔森发现,如果他持续三到四周系上外套的扣子,他的下属们很快就会跟他一样系上扣子;如果他不系外套的扣子,下属们也会不系;如果他不穿外套,下属们也都不会穿。这个简单的例子表明,高层领导者在培育领导者方面是最重要的表率型角色。

如果高层领导者希望那些以结果为导向的领导者追随他们的步伐,首先他们自己必须先以结果为导向。他们要关心结果、探讨结果、不断强调结果并且努力地界定与创造结果,而培育出的领导者的素质则是对他们的终极考验。这一点会促使所有高层领导者在下一代领导者的培育上花费精力。下面是一些塑造以结果为导向的领导者的特定的方法和技巧:

- **在结果方面花时间**。领导者必须明确地界定组织成功所需的几项关键结果，他们应该定期检查自身以确保自己有效率地利用时间来获得这些结果。他们应该在需要时对员工做出相应调整，从而使他们能够得到必备的技能以创造出不同的结果。他们应该通过学习班或论坛向组织其他领导者、通过录像带或其他交流方式向所有员工、通过访问或直接接触向顾客、通过股东大会或书面交流向投资者传授结果观念。

- **对结果怀有激情**。员工能够十分容易地理解并感知到高层领导者的激情。以哈雷·戴维森公司为例，公司前 CEO 里奇·特林克（Rich Teerlink）经常公开地谈论他为哈雷生活方式所做的奉献、他对摩托车领域的看法、他对为慈善事业慷慨解囊的哈雷员工们的喜爱以及他对公司未来的期望。他能够深切地感受到哈雷公司的公司价值这一结果核心，并对此做出诠释且奉为信仰去遵从。正因为如此，他便能够在组织中进一步推进这些结果，并且把它们传递给未来的领导者。真正的领导激情，一定要与领导者的行为始终保持一致，否则员工的奉献很快就会转化为愤恨。

- **专注于结果**。想要培养出新一代以结果为导向的领导者的高层领导者，一定要持续地专注于结果。讲述以结果为导向的案例、关注并颂扬其成功、寻找新的结果激励因素。这些技能对于努力培养以结果为导向的领导者的高层领导者来说变得愈发重要。

- **提出以结果为导向的问题**。培养以结果为导向的领导者的高层领导者，要不断地为未来的领导者提出以结果为导向的问题。举例来说，事实证明，下面这些问题对很多努力建立结果观念的领导者来说十分有用：

  你要获得何种结果？

  你所追求的结果是否平衡？你的经营战略是否均衡得体？

  你如何才能获得这些结果？

  你在获得结果的过程中做出了何种努力？

  你缺失哪方面有助于你获得结果的东西？

  你需要再多学习些什么或变换何种行事方式以获得所求的结果？

若高层领导者在公共论坛和私下交谈中能够使用这些问题，便能在下一代领导者头脑中灌输基于结果的思维模式。

首席学习官

相对较新的公司头衔"首席学习官"（CLO）是一个在越来越多的公司中出现的角色，其职能和重要性远远超过传统观念中的培训经理。首席学习官的出现为培养下一代领导者的任务带来了四方面相互促进的技能。

- **经营**。首席学习官了解、重视并且影响着经营战略，其中就包括客户关系和财务结果。

- **变革**。首席学习官重视改变所带来的活力，并且能够在组织内部应用改变原则。

- **知识管理和学习**。首席学习官懂得抓取信息本质以及知识管理的精髓，并且能够营造具有学习氛围的组织。

- **人力资源**。首席学习官对训练和拓展工作保持热切关注，但对人力资源实务工作同样敏感，其中包括人员选聘、报酬福利、信息交流等。

首席学习官的业绩应该更多地以员工能力和责任心的改善程度去衡量，而并非以参与培训的人数为指标。他们更多地关心的是能够实现公司业绩增值的文化改变方法，而不是培训课程（教学课程）的设计。他们不仅保证员工在公司内能够得到长足的个人成长，而且保证组织能力可以得到明确界定和可靠塑造。他们帮助组织建成一个让投资者愿意放心投资的管理体系。

培养下一代以结果为导向的领导者的责任很大程度上落在了首席学习官的肩上，他们必须做好各项培训项活动的开办和维持工作，并能够将工作体验、教导活动、分享最佳实践方法的论坛以及分享这些方法的措施、个人发展经历融入培训活动中来。类似表 8 - 3 的工作表能够帮助首席学习官与想成为领导者的人一起研发个人领导力拓展计划。其中，最有成效的计划是以结果为起点的：在四类结果中，那些想成为领导者的人需要去学会其中的哪些才可以获得最终的结果？并且该计划中还罗列出了培训、体验、教导、反馈、分享最佳实践方法等诸多可选择的方案，通过这些方法，那些想参与训练的人们便有可能获得所追求的目标结果。最后，在每一个规定的时间段内（通常为一个季度，详情见所给的例子），领导者填上相应的表格，从表格中便可得知领导能力在哪些方面得到了提高。这样一张完整的工作表，既是领导者个人发展蓝图的参考，也是其发展成就的宝贵记录。

表 8 – 3　下一代领导力培育模板

(个人的或组织的)

所追求的目标结果:
员工结果:
组织结果:
顾客结果:
投资者结果:

领导力拓展活动	季　度				季　度			
	1	2	3	4	1	2	3	4
正规培训: 公司内								
正规培训: 公司外								
工作经历: 长期的								
工作经历: 暂时的								
指导/训练								
360 度反馈								
个人成长								
基于技术的最佳实践								
行为学习								
其他								

　　首席学习官可以将领导力培育计划细化或融合至公司的学习日程当中,这使得首席学习官能够辨识出关键的下一代领导者(通常是全体员工的 1% 或者所有经理的 10%)。接着,首席学习官便可以发起表 8 – 3 下一代领导力培育模板中各行所列的活动以提高培育对象的领导力深度,各单元格中的数据则代表着每一季度参加各项活动的领导者培养对象人数的百分比。编写这样一个模板能够帮助首席学习官将结果融入领导力培训当中去,就如同从领导力投资中派生而来一般。

所有的领导者

从根本上讲，组织中所有领导者都有责任在培育接班人身上花工夫，这样后备领导者就能够取得更好的结果。不过就算后备领导者掌握了结果的含义和如何取得结果，也不代表其工作就已经完全做到位了，他们还必须在下一代领导者中树立类似的准则。这听起来像是一件不可能完成的任务，但是实际工作中却存在着具体的技巧能够帮助实现这一目标。

帮助下一代领导者界定结果

以结果为导向的领导者，通过询问、讨论、训导和强调结果以不断地帮助下一代的领导者。简而言之，这或许便意味着保持关于组织需要什么结果和如何获得这些结果的长效对话。一位决策者不断地问其下属两个问题："你们到底想要实现什么"和"这会在今后两三年内如何影响公司业务"。这两个问题将帮助下一代领导者明确现今结果如何并与未来的结果挂钩。

为下一代领导者提供创造结果的机会

以结果为导向的领导者，会给下一代领导者机会，让他们去领导、冒险，甚至在有些情况下去失败。对于所有以结果为导向的领导者来说，他们少数几个共有的特点之一就是偶尔会品尝失败，失败会促使他们加强学习，也同时考验着他们再爬起来的意志。培养下一代以结果为导向的领导者，就要给这些未来的领导者机会去领导，虽然机会因为了避免风险而减少，但是这些机会必须是严肃而真实的。高层领导者几乎都能回想起之前所经历过的某项工作或任务是在没有充分准备的情况下就去实施了，而这一点关乎领导力拓展十分重要的一个环节。当被问及他们是否愿意给下一代领导者提供类似的机会时，有些人会说"不"，这表明与促进下一代领导者的职业成长相比，避免失败对他们来说更重要。

做一个能从成功和失败中学习的老师

以结果为导向的领导者能够帮助下一代领导者从其成功或失败的经历中学习到相关知识。下一代的领导者需要高层领导者在其成功时要求其保持头脑清醒、戒骄戒躁，而在其失利时给予热情鼓励。当下一代领导者失利时，一名以结果为导向的领导者可以通过下述问题来将失利变成一次学习机会。这些问题主要包括："过程中哪些事情起了作用""哪些事情没起作用""为什么起了作用""为什么没起作用""根据现在你所知道的，下次你会做出什么相应改变""你如何能够确保以后会吸取这些教训"等。当下一代领导者获得成功时，一名以结果为导向的领导者会拍手道贺，但同时也会以此探究："是什么导致了你的成功""谁起了帮助作用""什么前提或条件促成了成功""你会怎样想办法再造这些前提或条件""如果这些前提或条件不存在了，你将如何在新的条件下应用你的经验"等。如此这样，以结果为导向的领导者就建立了学习型的组织。通过不断地教授，以结果为导向的领导者便能够将现实事件转化为经验，将单一事件转化为可不断重复的带有规律的模式。对于培养下一代以结果为导向的领导者来说，最关键的行动有两个：一是鼓舞士气，具体表现为积极支持他的工作；二是进行指导训练，具体表现为给予真切的、连贯的和中肯的反馈。

放飞

最后，或许也是最重要的，便是以结果为导向的领导者一定要准备好让位于人，放飞下一代，让其担任领导职务。当领导者"垂帘听政"——留在董事会、保留办公室、继续充当顾问或通过其他方式继续主动干预公司事务——的时候，这种善意地向下一代传递知识的努力往往会适得其反，严重地影响下一代领导者界定和创造结果的能力。让下一代领导者自己邀请前任领导者的参与，才会让传递的信息变得更加具有时效性和有用性。以结果为导向的领导者应认识到他们的功绩和做事方式不能也不应该强加到别人身上。

对几乎所有组织而言，如果半数的现任领导者与半数的下一代领导者一起工作，并把他们培养成为以结果为导向的领导者，那么领导力质量会得到极大提高。

对于任何一任领导者的最终测试都在于其对于下一代领导者的培养与成就，甚至在个人已经离开组织之后，以结果为导向的领导者也早已在下一代领导者的脑海中灌输了以创造结果为导向的思维模式。

注　释

第一章

［1］Louis Csoka，"Bridging the Leadership Gap"，Report # 1190-98-RR，Conference Board，New York City.

［2］Human Resource Institute，*Major Issues Impacting People Management*（St. Petersburg, Fla.：Human Resource Institute，Eckerd College，1997）.

［3］美国人力资源规划协会（Human Resource Planning Society）针对"全球商业未来挑战"这一主题发布过一系列的研究作品。以下两部著作也都提供了有益启示：Robert Eichinger and Dave Ulrich，"It's Deja Future All Over Again：Are You Getting Ready?"*Human Resource Planning Journal* 20，no. 2（1997）：50 – 61；and Robert Eichinger and DaveUlrich，"Are You Future Agile?"*Human Resource Planning Journal* 18，no. 4（1995）：30 – 41.

［4］Society for Human Resource Management，The SHRM Task Team Review on the Future of HR（Alexandria，Va.：Society for Human Resource Management，1998）.

［5］Floyd Kemske，"HR 2008：A Forecast Based on Our Exclusive Study，"*Workforce*（January 1998）：47 – 60.

［6］麦肯锡咨询公司在1998年做过一项研究，名为："The War for Talent"。

［7］参见：Peter F. Drucker，"The Shape of Things to Come，"*Leader to Leader* 1，no. 1（1996）：12 – 19；and Peter F. Drucker，"Toward the New Organization，"*Leader to Leader* 2，no. 3（1997）：6 – 8.

［8］更多论述领导力的畅销书籍还有：Warren Bennis and Patricia Biederman，*Organizing Genius：The Secrets of Creating Collaboration*（Reading，Mass.：Addison-Wesley，1997）；Noel Tichy and Eli Cohen，*The Leadership Engine：How Winning Companies Build Leaders at Every Level*（New York：Harper Business，1997）；Morgan W. McCall，Jr.，High Flyers：*Developing the Next Generation of Leaders*（Boston：

Harvard Business School Press, 1997); Colin Powell, *On Leadership* (New York: Random House, 1998); Lynne Joy McFarland, Larry E. Senn, and John R. Childress, *21st Century Leadership* (New York: Leadership Press, 1994); and John P. Kotter, *Leading Change* (Boston: Harvard Business School Press, 1996).

[9] Michael Lombardo and Robert Eichinger, "What Characterizes a HiPo? Ferreting Out the True High Potentials," working paper, Lominger, Minneapolis, 1997; Michael Lombardo and Robert Eichinger, *Twenty-two Ways to Develop Leadership in Staff Managers* (Greensboro, N. C.: Center for Creative Leadership, 1990); and Personnel Decisions, *Successful Manager's Handbook* (Minneapolis: Personnel Decisions, Inc. 1992).

[10] 美国通用电气公司在领导力培养方面享有很高的声誉, 被视为培养领导者的摇篮。有很多文章对此有所描述。比如: Deborah Keller, "Building Human Resource Capability: General Electric," *Human Resource Management Journal* 31, nos. 1 and 2 (1992): 102 – 126; Stephen Kerr, "GE's Collective Genius," *Leader to Leader* 1, no. 1 (1996): 30 – 35; and Jennifer Reingold and John Byrne, "Wanted: A Few Good CEOs," *Business Week*, 11 August 1997, 64 – 70.

[11] S. D. Friedman and T. P. Levino, "Strategic Appraisal and Development at General Electric," in *Strategic Human Resource Management*, ed. Charles J. Fombrun, Noel M. Tichy, and Mary Anne Devanna (New York: Wiley, 1984).

[12] 参见: Dave Ulrich and Dale Lake, *Organizational Capability: Competing from the Inside/Out* (New York: Wiley, 1990).

[13] Interview with Warren Bennis, *Human Resource Executive*, December 1996.

[14] 参见: James Kouzes and Barry Posner, *The Leadership Challenge: How to Keep Getting Extraordinary Things Done in Organizations* (San Francisco: Jossey-Bass, 1995); and James Kouzes and Barry Posner, *Credibility* (San Francisco: Jossey-Bass, 1993).

[15] 参见: Stephen Covey, "The Habits of Effective Organizations," *Leader to Leader* 2, no. 3 (1997): 22 – 28; Stephen Covey, *The Seven Habits of Highly Effective People: Implementation Model* (Provo, Utah: Covey Leadership Center, 1991); and Stephen Covey, *The Seven Habits of Highly Effective Leaders* (New York: Simon &

Schuster, 1989）.

[16] Richard E. Boyatzis, *The Competence Manager* （New York： Wiley, 1980）; and Morgan W. McCall, Jr., Michael Lombardo, and Ann MorRison, *The Lessons of Experience： How Successful Executives Develop on the Job* （Lexington, Mass.： Lexington Books, 1988）.

[17] 关于 360 度反馈机制更全面的评述，可以参考以下特刊：360 - degree management, Walter W. Tornow, guest editor, *Human Resource Management Journal* 32, nos. 2 and 3 （1993）; and Walter W. Tornow, Manuel London, and CCL Associates, *Maximizing the Value of 360 – Degree Feedback： A Process for Successful Individual and Organizational Development* （San Francisco： Jossey-Bass, 1998）.

[18] CEO 如何审视自己的公司，下面的这本书对此有精彩的描述：G. William Dauphinais and Colin Price, eds., *Straight from the CEO： The World's Top Business Leaders Reveal Ideas That Every Manager Can Use* （New York： Simon & Schuster, 1998）.

[19] Steven Kerr, "Substitutes for Leadership： Some Implications for Organization Design," *Organization and Administrative Sciences* 8 （1977）： 135 – 146; and Steven Kerr and John Jermier, "Substitutes for Leadership： Their Meaning and Measurement," *Organization Behavior and Human Performance* 23 （1978）： 374 – 403.

第二章

[1] 对于我们所谓的标准，有必要进行说明。这些标准的制定并不是让人为之感到惭愧的。的确，领导力标准是非常综合的，但要想让一个领导者在所有领域都能取得优异的结果，那真是非常困难。领导者对照这些标准对自身进行评估，就会发现自己或多或少在某些领域有所欠缺。这一点不言自明。综合性的结果衡量标准不过是给评估优劣势提供了一种可能。我们提供标准的目的并不是追求完美、让领导者达到一种理想的状态，而是给领导者和有潜力成为领导者的人提供一个更清晰的图景，最终提升自己。

[2] 有关利益相关者理论的更多论述，可以参见：Edward Freedman, *Strategic Management： A Stakeholder Approach* （Boston： Pitman, 1985）; Robert Kaplan and David Norton, "Putting the Balanced Scorecard to Work," *Harvard Business Review*,

September-October 1993, 134 – 147; and Robert Kaplan and David Norton, "Using the Balanced Scorecard as a Strategic Management System," *Harvard Business Review*, January-February 1996, 75 – 87.

[3] 亚瑟·马丁内斯（Arthur Martinez）的地位和其理论的影响可以参见：Anthony Rucci, Steven Kim, and Richard Quinn, "The Employee-Customer-Profit Chain at Sears," *Harvard Business Review*, January-February 1998, 82 – 98.

[4] 顾客结果和投资者结果在西尔斯公司所起到的作用，可以参见：James O'Shea and Charles Madigan, "Taming 'The Monster of the Midway, '" in *Dangerous Company: The Consulting Powerhouses and the Businesses They Save and Ruin* (New York: Random House, 1997), 109 – 145.

[5] 对业务焦点的基本形式进一步的讨论可以参见：Lee Tom Perry, Randall G. Stott, and W. Norman Smallwood, *Real Time Strategy* (New York: Wiley, 1993); Michael Treacy and Fred Wiersema, "Customer Intimacy and Other Value Disciplines," *Harvard Business Review*, January-February 1993, 84 – 96; and Michael Treacy and Fred Wiersema, *The Discipline of Market Leaders* (Reading, Mass.: Addison-Wesley, 1995).

[6] 对注重短期效益的诸多缺点的评论可以参见：Gary Hamel and C. K. Prahalad, *Competing for the Future* (Boston: Harvard Business School Press, 1994).

[7] "满意策略"的概念在下面的文章中有更详细的描述：H. A. Simon, "A Behavioral Model of Rational Choice," *Quarterly Journal of Economics* 69 (1955); and H. A. Simon, "Bounded Rationality and Organizational Learning," *Organization Science* 2, no. 1 (1955): 125 – 134.

[8] 参见：Morgan McCall, Jr., and Michael M. Lombardo, "What Makes a Top Executive," *Psychology Today*, February 1983, 28.

[9] 参见：Morgan McCall, Jr., *High Flyers: Developing the Next Generation of Leaders* (Boston: Harvard Business School Press, 1998).

[10] Gene Dalton and Paul Thompson, *Novations: Strategies for Career Management* (Glenville, Ill.: Scott, Foresman, 1986), 207.

[11] 参见：Susan Mohrman, Susan Cohen, and Allan Mohrman, Jr., *Designing Team-Based Organizations: New Forms of Knowledge Work* (San Francisco: Jossey-Bass,

1995）; Jon R. Katzenbach and Douglas Smith, *The Wisdom of Teams: Creating the High-Performance Organization* （Boston: Harvard Business School Press, 1993）; and Richard Guzzo, Eduardo Salas, and Associates, *Team Effectiveness and Decision Making in Organizations* （San Francisco: Jossey-Bass, 1995）. John Zenger, Ed Musselwhite, Kathleen Hurson, and Craig Perrin, *Leading Teams, Mastering the New Role* （Homewood, Ill.: Business One Irwin, 1994）; Jack Orsburn, Linda Moran, Ed Musselwhite, and John Zenger, *Self - Directed Work Teams: The New American Challenge* （Homewood, Ill.: Business One Irwin, 1990）.

[12] 该原则在下面的文章中有进一步的讨论: Jay Galbraith, *Designing Organizations: An Executive Briefing on Strategy, Structure, and Process* （San Francisco: Jossey-Bass, 1995）; and H. O. Armour and D. J. Teece, "Organization Structure and Economic Performance: A Test of the Multidivisional Hypothesis," *Bell Journal of Economics* 9 （1978）: 106 – 122.

第三章

[1] 智力资本的更多描述, 参见: Scott Snell, David Lepak, and Mark Youndt, "Managing the Architecture of Intellectual Capital: Implications for Strategic Human Resource Management," in *Research in Personnel and Human Resources Management*, ed. Patrick Wright, Lee Dyer, John Boudreau, and George Milkovich （Greenwhich, Conn.: JAI Press, 1998）; Thomas Stewart, *Intellectual Capital* （New York: Doubleday, 1997）; James Brian Quinn, "Leveraging Intellect," *Academy of Management Executive* 10, no. 3 （1996）: 7 – 27; and Hubert Saint-Onge, "Tacit Knowledge: The Key to the Strategic Alignment of Intellectual Capital," *Strategy and Leadership*, March-April 1996, 10 – 16.

[2] 人力资本的更多描述, 参见: Gary S. Becker, *Human Capital: A Theoretical and Empirical Analysis, with Special Reference to Education* （New York: National Bureau of Economic Research, 1964）; and S. Snell and J. Dean, "Integrated Manufacturing and Human Resource Management: A Human Capital Perspective," *Academy of Management Journal* 35, no. 3 （1992）: 467 – 504.

[3] 以下文献对知识管理有相关描述: Karl Erik Sveiby, *The New Organizational*

Wealth: *Managing and Measuring Knowledge-based Assets* (San Francisco: Berrett-Koehler, 1997); Robert J. Hiebeler, "Benchmarking Knowledge Management," *Strategy and Leadership*, March-April 1996, 22 – 29; and I. Nonaka, "The Knowledge-Creating Company," *Harvard Business Review*, November-December 1991, 96 – 104.

[4] 更多学习型组织的信息可以参见：Robert Aubrey and Paul Cohen, *Working Wisdom*: *Timeless Skills and Vanguard Strategies for Learning Organizations* (San Francisco: Jossey-Bass, 1995); C. Argyris, "Teaching Smart People How to Learn," *Harvard Business Review*, May-June 1991, 99 – 109; C. Argyris and D. A. Schon, *Organizational Learning*, *A Theory of Action Perspective* (Reading, Mass.: Addison-Wesley, 1978); and Arthur Yeung, Dave Ulrich, Stephen Nason, and Mary Ann Von Glinow, *Learning Capability* (New York: Oxford University Press, 1998).

[5] 诺贝尔经济学奖获得者詹姆士·托宾（James Tobin）曾提出 Tobin's Q 理论。他把 Tobin's Q 定义为企业的市场价值与资本重置成本之比。它的经济含义是比较作为经济主体的企业市场价值是否大于给企业带来现金流量的资本的成本。更多信息可参见：Scott Snell, David Lepak, and Mark Youndt, "Managing the Architecture of Intellectual Capital: Implications for Strategic Human Resource Management, in Wright, Dyer, Boudreau, and Milkovich, *Research in Personnel and Human Resources Management*.

[6] 托马斯·斯图尔特（Thomas Stewart）对智力资本有过论述，其中对人力资本衡量的手段进行了定义。参见：Stewart, *Intellectual Capital*, 229 – 234.

[7] 参见：James Brian Quinn, *Intelligent Enterprise* (New York: Free Press, 1992).

[8] 想要了解更多"志愿者"员工的论述，请参见：David E. Bowen and Caren Siehl, "The Future of Human Resource Management: March and Simon (1958) Revisited," *Human Resource Management Journal* 36, no. 1 (1997): 57 –64; and Peter F. Drucker, "Toward the New Organization," *Leader to Leader* 2, no. (1997): 6 – 8.

[9] 对高层主管与普通员工之间工作处境的差距的论述，参见：Frederick F. Reichheld, *The Loyalty Effect* (Boston: Harvard Business School Press, 1996).

[10] 参见：Dave Ulrich, Richard Halbrook, Dave Meder, and Mark Stuchlik, "Employee and Customer Attachment: Synergies for Competitive Advantage," *Human Resource Planning* 14, no. 2 (1991): 89 – 102; Benjamin Schneider and David E. Bowen,

Winning the Service Game (Boston：Harvard Business School Press, 1995)；and Bill Fromm and Len Schlesinger, *The Real Heroes of Business and Not a CEO Among Them* (New York：Doubleday, 1993)．

［11］参见：Stewart, Intellectual Capital.

［12］更多对忠诚度的基本流程的论述，参见：C. R. Schwenk, "Information, Cognitive Biases, and Commitment to a Course of Action," *Academy of Management Review* 2 (1986)：298 – 310；B. M. Staw, "The Escalation of Commitment to a Course of Action," *Academy of Management Review* 6 (1981)：577 – 587；and R. E. Walton, "From Control to Commitment in the Work Place," *Harvard Business Review*, March-April 1985, 77 – 84.

［13］更多关于竞争压力以及员工忠诚度的论述，参见：Robert Johansen and Rob Swigart, *Upsizing the Individual in the Downsized Organization* (Reading, Mass.：Addison-Wesley, 1994)．

［14］参见：B. Joseph Pine II, *Mass Customization：The New Frontier in Business Competition* (Boston：Harvard Business School Press, 1993)．

［15］还有更多文献论述了"X 一代"作为未来员工先锋的情况，参见：Jay Conger, "How 'GenX' Managers Manage," *Strategy and Organization* 10 (1998)：21 – 31；N. Zill and J. Robinson, "The Generation X," *American Demographics*, April 1995, 24 – 33；Bruce Tulgan, "Generation X：Slackers? Or the Workforce of the Future?" *Employment Relations Today*, Summer 1997, 55 – 64；and Bruce Tulgan, *Manager's Pocket Guide to Generation X* (New York：HRD Press, 1997)．

［16］这种新型的员工管理关系的简要论述，参见：Nina Munk, "The New Organization Man," *Fortune*, 16 March 1998, 62 – 68.

［17］更多介绍，参见：J. L. Cotton and J. M. Tuttle, "Employee Turnover：A Meta-Analysis and Review with Implications for Research," *Academy of Management Review* 11 (1986)：55 – 70；and J. E. Sheridan, "Organizational Culture and Employee Retention," *Academy of Management Review* 35 (1992)：1036 – 1056.

第四章

［1］麦肯锡咨询公司是第一个提出并使用 7 – S 模型的。随后这一模型得到了进一步

的发展，如今的使用情况，参见：Richard Tanner Pascale, *Managing on the Edge*: *How the Smartest Companies Use Conflict to Stay Ahead*（New York：Simon & Schuster, 1991）.

[2] 杰伊·加尔布雷思（Jay Galbraith）对组织架构诊断的星型模型有非常到位的描述，参见：J. R. Galbraith, E. E. Lawler III, and Associates, *Organizing for the Future*（San Francisco：Jossey-Bass, 1993）; Jay Galbraith, *Designing Complex Organizations*（Reading, Mass.：Addison-Wesley, 1973）; Jay Galbraith, *Designing Organizations*: *An Executive Briefing on Strategy*, *Structure*, *and Process*（San Francisco：Jossey-Bass, 1995）; and J. R. Galbraith, *Organization Design*（Reading, Mass.：Addison-Wesley, 1977）.

[3] 系统性的组织模型描述请参见以下文献：David Nadler, Marc Gerstein, Robert Shaw, and Associates, *Organizational Architecture*: *Designs for Changing Organizations*（San Francisco：Jossey Bass, 1992）; and David Nadler and Michael Tushman, "A Model for Diagnosing Organizational Behavior：Applying a Congruence Perspective," *Organizational Dynamics* 9, no. 2（1980）：35 – 51.

[4] Lominger 将组织能力融合到了其所提出的理论中，总结了 6 种原则、80 种能力。该著作可联系鲍勃·艾辛格（Bob Eichinger）获取，联系电话：（612）377 – 0122.

[5] 参见：Brian E. Becker, Mark A. Huselid, Peter S. Pickus, and Michael F. Spratt, "HR as a Source of Shareholder Value：Research and Recommendations," *Human Resource Management Journal* 36, no. 1（1997）：39 – 48.

[6] 戴维·尤里奇（Dave Ulrich），迈克尔·隆巴多（Mike Lombardo），鲍勃·艾辛格（Bob Eichinger）提出"cultributes"的概念替代"capability"，来描述能力。在系列丛书"组织缔造者"（Organizational Architect）中，他们说明了领导者在既有的商业战略下，应如何评估组织需要的能力，并将这些能力转化为领导能力。

[7] 隆巴多、艾辛格、尤里奇提出的 16 种关键能力，通过三个步骤，转化为这里所述的四种常见的组织能力。第一，原先的 16 种能力涵盖面更广。比如，其中的一些能力是为了提升智力资本获得员工结果；或者是为了增进与顾客之间的亲密度，获得顾客结果；或者是为了增加预期盈利，获得投资者结果。但在本章中，我们针对的是获得组织结果所需要的能力。第二，对近期关于组织能力的

文献做内容分析，发现我们所提出的这四种组织能力正是它们所强调的。第三，各种类型的组织中所做的多种能力评估表明，这四种组织能力受到了广泛的认可，被认为是取得成功的关键。当然，这 16 种能力中的其他能力也可被视为重要的组织能力。但这里所提出的四种组织能力能够较完全地说明以结果为导向的领导者该如何专注于组织能力并取得相应的组织结果。

[8] 参见：Arthur Yeung, Dave Ulrich, Stephen Nason, and Mary Ann Von Glinow, *Organization Learning Capability*：*Generating and Generalizing Ideas with Impact*（New York：Oxford University Press, 1998）；and Dave Ulrich, Mary Ann Von Glinow, and Todd Jick, "High-Impact Learning：Building and Diffusing Learning Capability," *Organizational Dynamics*, Winter 1993, 52 – 66.

[9] 表 4 – 3 中所示的学习指标以及相关的支撑性研究，在其他著作中有更详细的论述，参见：Ulrich, Von Glinow, and Jick, "High – Impact Learning."

[10] 更多关于领导者在学习中的作用，参见：Yeung, Ulrich, Nason, and Von Glinow, *Organization Learning Capability*.

[11] 更多关于通用电气公司和西尔斯公司的变化，参见：Dave Ulrich, *Human Resource Champions*：*The Next Agenda for Adding Value and Delivering Results*（Boston：Harvard Business School Press, 1997）.

[12] 关于速度的重要性以及领导者快速处理事务的重要性，在其他著作中有进一步的描述，参见：Richard Pascale, Mark Millemann, and Linda Gioja, "Changing the Way We Change," *Harvard Business Review*, November-December 1997, 126 –139.

[13] 对通用电气公司消除组织中的边界的努力，在下面的著作中有进一步的论述，参见：Ron Ashkenas, Steve Kerr, Todd Jick, and Dave Ulrich, *The Boundaryless Organization*：*Breaking the Chains of Organization Structure*（San Francisco：Jossey-Bass, 1995）.

第五章

[1] 关于产品品牌影响的更多论述，参见：David Aakers, *Managing Brand Equity*（New York：Free Press, 1997）；Vijay Vishwanath and Jonathan Mark, "Your Brand's Best Strategy," *Harvard Business Review*, May-June1997, 123 – 132；and David Aakers, "Should You Take Your Brand to Where the Action Is?" *Harvard Business*

Review, September – October 1997, 135 – 145.

[2] 若想对产品品牌有更进一步的了解，参见：David Aaker and Alexander Biel, eds.,
Brand Equity and Advertising (Hillsdale, N. J.: Lawrence Erlbaum Associates,
1993). 这本杰出的作品主要论述广告，也谈及了一些其他问题，如品牌如何影
响分类、品牌的全球角色、品牌和绩效以及如何建立品牌认同。

[3] 参见：J. Barney, "Organizational Culture: Can It Be a Source of Sustained Competitive
Advantage?" *Academy of Management Review* 11, no. 3 (1986): 656 – 665; Edgar
Schein, "Leadership and Organizational Culture," in *The Leader of the Future*, ed.
Frances Hesselbein, Marshall Goldsmith, and Richard Beckhard (San Francisco:
Jossey-Bass, 1995), 59 – 70; and Dave Ulrich, "Culture Change: Will We Recognize
It When We See It?" in *Managing Strategic and Cultural Change in Organization*, ed.
Craig Schneier (New York: Human Resource Planning Society, 1995).

[4] 对这种关系的进一步了解，参见：John Kotter and James Heskett, *Corporate Culture
and Performance* (New York: Free Press, 1992).

[5] 公司价值应该同顾客价值区分开，一些著作对此有相关论述，比如：Robert
C. Blattberg and John Deighton, "Manage Marketing by the Customer Equity Test,"
Harvard Business Review, July-August 1996, 136 – 144. 也就是说，顾客价值注重的
是顾客对品牌的认知，处理的多是关于如何让现在的顾客购买更多的现有产品；
而公司价值注重的则是顾客对于公司的认知，处理的是如何让顾客和公司产生
更多的共同点。

[6] 对于这种关系的更多论述，参见：Dave Ulrich, "Tie the Corporate Knot: Gaining
Complete Customer Commitment," *Sloan Management Review*, Summer 1989, 19 – 28.

[7] 对于顾客亲密度，在其他著作中有很多富有价值的论述，参见：Michael Treacy
and Fred Wiersema, "Customer Intimacy and Other Value Disciplines," *Harvard
Business Review*, January-February 1993, 84 – 96.

[8] 参见：Joseph Wayne Brockbank and Dave Ulrich, "Avoiding SPOTS: Creating
Strategic Unity," in *Handbook of Business Strategy* 1990, ed. H. Glass (New York:
Gorham, Lambert, 1990).

[9] 关于美国西南航空公司的故事更详细的描述，参见：Jeffrey Pfeffer, *Competitive
Advantage through People* (Boston: Harvard Business School Press, 1994).

[10] 关于如何通过渠道进行划分的更多信息，参见：Regis McKenna, "Real-Time Marketing," *Harvard Business Review*, July-August 1995, 87 – 98.

[11] 这里所采用的细分方法的例子，是由布罗克班克（Brockbank）和尤里奇在早期作品 "Avoiding SPOTS" 中最先提出的。

[12] 更多关于个性化服务的论述，参见：B. Joseph Pine II, *Mass Customization*: *The New Frontier in Business Competition* (Boston: Harvard Business School Press, 1993).

[13] 对顾客满意度的更多论述，参见：Thomas O. Jones and Earl Sasser, Jr., "Why Satisfied Customers Defect," *Harvard Business Review*, November-December 1995, 88 – 99.

[14] 对需求满意度的更多论述，参见：Christopher Hart, "The Power of Unconditional Service Guarantees," *Harvard Business Review*, July-August 1988, 54 – 62; and Christopher Hart, "The Power of Internal Guarantees," *Harvard Business Review*, January-February 1995, 64 – 74.

[15] 更多信息，参见：Regis McKenna, "Teal-Time Marketing."

[16] Michael Hammer and Steven Stanton, "The Power of Reflection," *Fortune*, 24 December 1997, 291 – 294.

[17] Steve Kerr, "On the Folly of Hoping for A while Rewarding B," *Academy of Management Journal* 18 (1975): 769 – 783.

[18] Gene Dalton and Paul Thompson, *Novations*: *Strategies for Career Management* (Glenville, Ill.: Scott, Foresman, 1986), 207 – 208.

[19] 参见：Michael M. Lombardo and Robert W. Eichinger, "HR's Role in Building Competitive Edge Leaders," *Human Resource Management Journal* 36, no. 1 (1997): 141 – 146; Michael Lombardo and Robert Eichinger, *Twenty-two Ways to Develop Leadership in Staff Managers* (Greensboro, N. C.: Center for Creative Leadership, 1990); and Morgan W. McCall, Jr., Michael Lombardo, and Ann Morrison, *The Lessons of Experience*: *How Successful Executives Develop on the Job* (Lexington, Mass.: Lexington Books, 1988).

[20] 参见：Dave Ulrich and Hope Greenfield, "The Transformation of Training and Development to Development and Learning," *Journal of Management Development* 1, no. 2 (1995): 11 – 22.

第六章

［1］ Alfred Rappaport, *Creating Shareholder Value: The New Standard for Business Performance* (New York : Gree Press, 1986), 11.

［2］ "Behind Oxford's Billing Nightmare," *Business Week*, 17 November 1997.

［3］ "New Technology Was Oxford's Nemesis", *Wall Street diurnal*, 11 December 1997.

［4］ Arthur C. Martinez, "Transforming the Legacy of Sears," *Strategy and Leadership* 25, no. 4 (July-August 1997): 30 – 35.

［5］ 参见: Dwight L. Gertz and Joao Baptista, *Grow to Be Great: Breaking the Downsizing Cycle* (New York: Free Press, 1995); and Gary Hamel and C. K. Prahalad, *Competing for the Future* (Boston: Harvard Business School Press, 1994).

［6］ Michael Price (of Mutual Shares), cited in Peter Tanous, *Investment Gurus* (New York: New York Institute of Finance, 1997), 38.

［7］ Mario Gabelli (of Gabelli Funds), cited in Tanous, *Investment Gruus*, 80.

［8］ Laura Sloate (of Sloate, Weisman, Murray, and Company), cited in Tanous, *Investment Gurus*, 136, 143.

［9］ Scott Sterling Johnson (of Sterling Johnson Capital Management), cited in Tanous, *Investment Gurus*, 158.

［10］ John Ballen (of MFS Emerging Growth Fund), cited in Tanous, *Investment Gurus*, 290.

［11］ Jonathan Low and Tony Siesfeld, "Measures That Matter: Wall Street Considers More Than You Think" *Strategy and Leadership*, March – April 1998, 24 – 30.

［12］ 布鲁斯·詹森 (Bruce Jensen), 创新公司合伙人, 对这个研究的准备工作给予了极大的帮助。

［13］ "Jack's Men," *Industry Week*, 7 July 1997, 13.

［14］ "Fifty-two Fiefdoms' No More," *Industry Week*, 20 January 1997, 59.

［15］ Alan L. Wilkins, *Developing Corporate Character* (San Francisco: Jossey Bass, 1989).

第七章

[1] 多数培训并不能带来相应的回报，这种现象最初在弗雷德·菲德勒（Fred Fiedler）的著作中有所阐述。参见：Fred Fiedler, "The Trouble with Leadership Training Is That It Doesn't Develop Leaders," *Psychology Today*, February 1973, 31 – 35.

[2] James Collins and Jerry Porras, *Built to Last: Successful Habits of Visionary Companies* (New York: Harper Business, 1995), 91 – 115.

[3] 更多信息，请参见：Dave Ulrich and Hope Greenfield, "The Transformation of Training and Development to Development and Learning," *Journal of Management Development* 1, no. 2 (1995): 11 – 22.

第八章

[1] 良性循环这一术语，改编自一篇论述服务链的著作，参见：J. Heskett, T. Jones, G. Loveman, E. Sasser, and L. Schlesinger, "Putting the Service Profit Chain to Work," *Harvard Business Review*, March-April 1994, 164 – 174.

[2] Lominger 公司有款产品名为 Career Architect。该产品阐释了在任何组织单位，能力是如何进行分类并推衍的。以下著作对此有所总结，参见：Michael M. Lombardo and Robert W. Eichinger, "HR's Role in Building Competitive Edge Leaders," *Human Resource Management Journal* 36, no. 1 (1997): 141 – 146.

[3] 参见：Morgan W. McCall, Jr., Michael Lombardo, and Ann Morrison, *The Lessons of Experience: How Successful Executives Develop on the Job* (Lexington, Mass.: Lexington Books, 1988); and Morgan W. McCall, Jr., *High Flyers: Developing the Next Generation of Leaders* (Boston: Harvard Business School Press, 1997).

[4] 参见：Dave Ulrich and Hope Greenfield, "The Transformation of Training and Development to Development and Learning," *Journal of Management Development* 1, no. 2 (1995): 11 – 22.